Andreas Völlinger

Im Zeichen des Marktes

Andreas Völlinger

Im Zeichen des Marktes

Culture Jamming, Kommunikationsguerilla
und subkultureller Protest gegen die Logo-Welt
der Konsumgesellschaft

Tectum Verlag

Andreas Völlinger

Im Zeichen des Marktes.
Culture Jamming, Kommunikationsguerilla und subkultureller Protest
gegen die Logo-Welt der Konsumgesellschaft
ISBN: 978-3-8288-2269-6

Umschlagabbildung: istockphoto.com © AndrewJohnson

Umschlaggestaltung: Norman Rinkenberger, Tectum Verlag

© Tectum Verlag Marburg, 2010

Besuchen Sie uns im Internet
www.tectum-verlag.de

Bibliografische Informationen der Deutschen Nationalbibliothek
Die Deutsche Nationalbibliothek verzeichnet diese Publikation in der
Deutschen Nationalbibliografie; detaillierte bibliografische Angaben sind
im Internet über http://dnb.ddb.de abrufbar.

Inhalt

Einleitung

Im Vorfeld der Fußballweltmeisterschaft 2006 staunten Berlin-Touristen, als sie neben dem Reichstag mit einer überdimensionalen Aspirin-Tablette, leicht am stilisierten Kreuz der Herstellerfirma Bayer zu erkennen, konfrontiert wurden. Zur selben Zeit fand sich vor dem Brandenburger Tor ein Plastikauto im Design eines aktuellen Audi-Modells und im Spreebogenpark stießen Spaziergänger auf gigantische Skulpturen von Stollenschuhen mit den drei charakteristischen Streifen des Sportartikelherstellers Adidas. Ob man es mit einer neuen Form von Werbung zu tun habe, wird sich der eine oder andere Beobachter gefragt haben. Aber dem war mitnichten so, stattdessen wurde man hier mit dem ‚Walk of Ideas' konfrontiert, der mittels überdimensionaler Skulpturen an den wichtigsten Anlaufpunkten der Stadt den Erfindungsreichtum der Deutschen zelebrieren sollte und Teil der Imagekampagne ‚Deutschland – Land der Ideen' war, deren Budget von 20 Millionen Euro zur Hälfte aus öffentlichen Mitteln bestritten wurde. In den Augen einer Handvoll Kritiker, die sich in den Medien zu Wort meldeten, zeigte diese Kampagne aber nur den Erfindungsreichtum der beteiligten Wirtschaftskonzerne, öffentlichen Raum auf immer neue Art mit ihren Symbolen und Botschaften zu besetzen (vgl. Schulte 2006, Schulte/Rother/Lohre 2006). Als „ästhetische Bankrotterklärung" bezeichnete der Journalist Ulrich Schulte den Vorgang in einem Artikel in der *tageszeitung*, die Grünen-Politikerin Franziska Eichstädt-Bohlig sprach davon, dass Berlin so zum „nationalen Rummelplatz" gemacht werde, und der Berliner Linkspartei-Chef Lederer urteilte: „Das Stadtbild wird von einer Skulpturengalerie der Großkonzerne degradiert." (Zit. in Schulte 2006)

Der hier zitierte Fall verbildlicht als besonders plakatives Beispiel einen Prozess, der in den letzten Jahrzehnten verstärkt auf verschiedenen, nicht immer derartig offensichtlichen Ebenen stattfand. Neben einer Zunahme von klassischer Werbung – also Plakatwerbung, Zeitungsanzeigen, Fernseh- und Radiospots, seit einigen Jahren ergänzt um Werbung im noch jungen Medium Internet – dringen die Botschaften und die Sprache der Konsumwirtschaft auch auf anderen, neuen und immer subtileren Wegen in zunehmendem Maß in die Alltagswelt ein und kolonisieren weite Bereiche des öffentlichen Raums und der individuellen Lebenswelt. Dieses Geschehen auf Zeichenebene ist nicht bloß Symptom der vielfach kritisierten Ökonomisierung der Kultur (siehe dazu Bourdieu 2001, Rifkin 2000, Barber 2001 und 2007) sondern eine ihrer fundamentalen Grundlagen.

Der Konsummarkt ist laut Barber ubiquitär, er besetzt nach und nach alle Räume und Bereiche menschlichen Lebens, und obwohl dabei kein moralisch gearteter Anspruch auf eine vollständige Kolonisierung erhoben wird, werden der Logik des Marktwachstums entsprechend auch die einst nichtkommerziellen Sphären menschlichen Lebens okkupiert (vgl. Barber 2007: 222). Dies entspricht grundlegend Jürgen Habermas' These, dass die Bereiche der Lebenswelt der gegenwärtigen Gesellschaft zunehmend von systemischen Medien wie Geld und Macht kolonisiert werden, welche die Imperative der Wirtschaft in sich tragen (vgl. Habermas 1985: 189). Eine der wichtigsten Voraussetzungen für diese konsumkapitalistische Kommodifizierung[1] der Gesellschaft ist die semiotische, also zeichenhafte, Kolonisation auf Grundlage einer zeichenhaften Vormachtstellung, die vor allem John Fiske betont:

> Die grundlegende Macht der Herrschenden im Kapitalismus mag ökonomisch sein, aber diese ökonomische Macht wird von der semiotischen Macht, das heißt der Macht, Bedeutungen zu produzieren, zugleich untermauert wie auch überschritten. (Fiske 2003: 22)

Ist Kultur nun die soziale Zirkulation von Bedeutungen (vgl. Fiske 2003: 15-17) oder gar ein Kampf um Bedeutungen (vgl. Bourdieu 1974: 75-124), so herrscht zunehmend eine „kulturelle Hegemonie"[2] (Antonio Gramsci, vgl. dazu Holz 1992) wirtschaftlicher Unternehmenskonglomerate, welche ihre Zeichen in alle Lebensbereiche schleusen. Die Journalistin und Globalisierungskritikerin Naomi Klein bezeichnet transnationale Konzerne zu Recht als „die mächtigsten politischen Kräfte unserer Zeit" (Klein, 2001: 349). Unter den 100 weltweit größten Wirtschaftseinheiten befanden sich im Jahr 2003 bereits 51 Zusammenschlüsse von Wirtschaftsunternehmen und nur noch 49 Nationalstaaten (vgl. Werner/Weiss 2003: 62-63).

Die Hand in Hand mit der fortschreitenden Privatisierung öffentlichen Raums verlaufende symbolische Besetzung der Alltagswelt durch Konzerne und deren Wirtschaftslogik mündet in einer verstärkten gesamtge-

---

1   Barber beschreibt den Prozess der Kommodifizierung wie folgt: „Mit der Kommodifizierung werden die vielfältigen Bedeutungen eines Objekts in eine einzige Marktbedeutung umgewandelt, nämlich in das Potential eines Gutes oder einer Dienstleistung, gekauft und verkauft zu werden. Kommodifizieren heißt also, zu kolonisieren, vieldimensionalen Gütern singuläre Bedeutungen aufzuzwingen [...] Die Kommodifizierung verläuft progressiv und untergräbt nach und nach die Heterogenität und Autonomie anderer Bereiche." (Barber 2007: 246)

2   „Der Kampf um (kulturelle) Hegemonie ist der Kampf um die Herausbildung einer neuen Weltanschauung – mit neuen gesellschaftlichen Zielen, individuellen Lebenserwartungen, Werthierarchien, Verhaltensformen, Solidaritäten." (Holz 1992: 20)

sellschaftlichen Ideologie des Konsums, die der Soziologe Henri Lefebvre bereits Anfang der 1970er konstatierte (vgl. Lefebvre 1972: 83), und einer kulturellen Transformation, an deren Ende eine konsumorientierte Sicht der Welt und ein ebensolches Selbstbild stehen. Rifkin bringt dies äußerst kritisch auf den Punkt:

> Wenn praktisch jeder Aspekt unseres Seins zu einer bezahlten Aktivität wird, wird das menschliche Leben selbst das ultimative kommerzielle Produkt, und die kommerzielle Sphäre wird die letzte Herrin über unsere persönliche und kollektive Existenz. (Rifkin 2000: 153)

Die durch semiotische Macht unterstützte und vorangetriebene Kommodifizierung, das ‚Zur-Ware-Machen' von früher unkolonisierten Bereichen des sozialen Lebens schafft Guy Debord (1996) zufolge eine „Gesellschaft des Spektakels", die durch den Konsum von Waren und Ereignissen organisiert und strukturiert ist. Sowohl der französische Soziologe Pierre Bourdieu als auch der US-amerikanische Politologe Benjamin Barber sehen als Resultat dieses Prozesses eine gesamtgesellschaftliche Infantilisierung:

> [...] die Jeans-, Coca-Cola- und McDonalds-Kultur hat nicht nur die ökonomische, sondern auch die symbolische Macht auf ihrer Seite – eine Macht, die in Gestalt einer Verführung williger Opfer ausgeübt wird. Indem sie Kinder und Jugendliche – speziell diejenigen, denen das Immunsystem dagegen fehlt – zu Adressaten ihrer Verkaufspolitik machen, sichern sich die großen Kulturproduktions- und Diffusionsunternehmen [...] mit zugleich erzwungener und komplizenhafter Unterstützung der Werbung und der Medien einen immensen, nie zuvor dagewesenen Einfluss auf alle heutigen Gesellschaften, die dadurch einer Art Infantilisierung erliegen. (Bourdieu 2001: 87-88)

> Es ist ein Ethos der künstlich herbeigeführten Kindlichkeit, eine Infantilisierung, die eng mit den Anforderungen des Konsumkapitalismus in einer globalen Marktwirtschaft zusammenhängt. Dieses infantilistische Ethos prägt die Ideologie und das Verhalten unserer radikal konsumistischen Gesellschaft genauso stark wie einst Max Webers „protestantische Ethik" die Unternehmenskultur einer produktivistischen frühkapitalistischen Gesellschaft. (Barber 2007: 10)

Die Kolonisation der Lebenswelt durch neue, konsumkapitalistische Kulturformen führt dem Philosophen Douglas Kellner zufolge jedoch auch zu neuen Formen von Auseinandersetzung und Widerstand (vgl. Kellner 2005c: 210). Jener Widerstand muss, der Art der Kolonisation entsprechend, ebenfalls auf Zeichenebene stattfinden. Die zeichenhafte

Gegenwehr kann viele Gestalten annehmen, manifestiert sich aber am deutlichsten

1. im Rahmen einer subkulturellen Lebensweise und der dazugehörigen Praktiken.

2. in gezielten Widerstandsaktionen.

Vor allem von Angehörigen von Subkulturen wie Punk und der Graffitiszene, in denen sich Jugend- mit Protestkultur verbindet, wird zeichenhafter Widerstand gegen die kulturelle Hegemonie in hohem Maße praktiziert und gelebt. Eine von bestimmten Milieus und Szenen weitgehend losgelöste, gezielte Form von semiotischem Widerstand stellt hingegen die vor allem in Nordamerika und Australien verbreitete Praxis des Culture Jammings und dessen deutsche Variante, die Kommunikationsguerilla, dar.

Leistung dieser Arbeit ist eine einführende Darstellung der semiotischen Kolonisation der Gesellschaft durch die Zeichen des Konsumkapitalismus und die Erläuterung der Voraussetzungen dieses Vorgangs, gefolgt von einer Beschreibung und Diskussion der zeichenhaften Widerstandsformen, ihrer theoretischen Grundlagen und Wirkungsweisen.

Im Einzelnen ist die vorliegende Arbeit wie folgt gegliedert: Im ersten Kapitel werden zunächst die Voraussetzungen der semiotischen Kolonisation durch den Konsumkapitalismus erläutert: Die Ersetzung von Waren durch transzendentale Marken als neues Paradigma des Marketings, die zugrunde liegende Logokultur, welche aus zeichentheoretischer Perspektive die weitgehende Kommodifizierung aller Lebensbereiche erst ermöglicht und schließlich das im Markenkonsum angewandte Prinzip der Mythisierung als Mittel der Immunisierung und Naturalisierung von Marken. Im Anschluss erfolgt eine Betrachtung der fortschreitenden semiotischen Kolonisierung von Lebenswelten und der daraus resultierenden Effekte auf Gesellschaft und Individuum – unter Zuhilfenahme von Ansätzen aus der Semiotik, Soziologie, Medientheorie, Architekturwissenschaft und den Cultural Studies. Im Mittelpunkt stehen dabei die ausgewählten Felder Öffentlicher Raum, Medien und Politik sowie menschliche Identität.

Kapitel 2 dient der Darstellung zweier kommunikationswissenschaftlich relevanter theoretischer Grundlagen für einen semiotischen Widerstand gegen die zuvor erläuterte Zeichenhegemonie. Zum einen wird Guy Debords Kritik der Gesellschaft des Spektakels erläutert, ergänzt um deren theoretische Weiterführung durch den US-amerikanischen Philosophen Douglas Kellner und einer Darstellung der von Debord mitbegründeten Aktivistengruppe Situationistische Internationale. Zum anderen wird das ebenfalls höchst relevante Konzept von semiotischer

Macht und Widerstand des britischen Kommunikationswissenschaftlers John Fiske vorgestellt.

Das dritte Kapitel ist dem semiotischen Widerstand in Form jugendlicher Subkulturen gewidmet: Anhand der ausgewählten Subkulturen Punk, Graffiti und Skateboarding wird zeichenhafter Widerstand als Teil subkultureller Lebensweisen und der dazugehörigen Praktiken erörtert. Abgeschlossen wird dieses Kapitel durch eine kurze Einschätzung der Relevanz des subkulturellen Widerstands unter Zuhilfenahme kommunikationswissenschaftlicher bzw. zeichentheoretischer Ansätze.

Es folgt in Kapitel 4 eine ausführliche Darstellung und Diskussion des Phänomens Culture Jamming als gezielter semiotischer Widerstand gegen eine symbolische Kolonisation der Lebenswelt. Nach dem Versuch, die Wurzeln dieses Phänomens sowie weitere kommunikationswissenschaftlich relevante diskursive Referenzpunkte auszumachen, wird auf die verschiedenen Techniken des zeichenhaften Widerstands – wie Camouflage, Fake und subversive Affirmation – eingegangen. Auch hier folgt eine kurze Bewertung des Widerstands aus kommunikationswissenschaftlicher Sicht.

In Kapitel 5 wird das dem semiotischen Widerstand entgegenwirkende Phänomen der Aneignung und Nutzung von Widerstandssymbolen und -techniken durch die Wirtschaft diskutiert.

Abschließend werden ein zusammenfassender Rückblick sowie ein Ausblick geboten, in dem auf Basis der gesammelten Erkenntnisse die möglichen Bedingungen für einen erfolgreichen semiotischen Widerstand gegen die zeichenhafte Kolonisation erörtert werden.

1 Semiotische Kolonisation

1.1 Das neue Paradigma des Marketings

Werbekritik existiert seit dem späten 19. Jahrhundert (vgl. Meschnig 2002: 35) und fand spätestens 1957 mit *The Hidden Persuaders*[3], Vance Packards Bestseller über Werbestrategien, breiten Zulauf. In den letzten Jahren richtet sich verstärkte Kritik aber gegen eine relativ neue Entwicklung: Seit in den 1980ern immer mehr transnationale Unternehmen wie Nike, Calvin Klein und Starbucks damit begannen, Markenimages über die Produkte zu stellen, also mit anderen Worten das Hauptaugenmerk auf die Schaffung und Pflege von Markenidentitäten zu legen, anstatt wie vormals auf die Güterproduktion, befindet sich Wirtschaftsmarketing auf einem ungebrochen expansiven Kurs – in eine neue Richtung, wie Klein betont:

> Nach dem alten Paradigma wurde durch Marketing stets ein Produkt verkauft. Doch nach dem neuen Modell ist das Produkt immer sekundär. Es muss gegenüber der Marke als dem eigentlichen Produkt zurückstehen, und der Verkauf der Marke erfordert eine neue Komponente, die man nur als spirituell bezeichnen kann. [...] Bei der Markenpolitik in ihren wahrsten und fortgeschrittenen Inkarnationen geht es um unternehmerische Transzendenz. (Klein 2001: 41-42)

Der Markenbegriff der klassischen Markentheorie war merkmalsorientiert. Das Markenzeichen wies auf die Eigenschaften des Markenprodukts hin und schützte den Hersteller vor Plagiaten (vgl. Schubert 2004: 158). Den modernen Marken und ihrer Vermarktung wird diese Definition schon lange nicht mehr gerecht. Der Politikwissenschaftler Benjamin Barber nutzt die Begriffspaare „hard goods"/„soft services" und „hard power"/„soft power" um das Verhältnis zwischen der alten und der neuen Funktionsweise von Ökonomie zu illustrieren, die sich in ihrer Vermarktung widerspiegelt (vgl. Barber 2001: 59-60). Statt Produkte werden nun vornehmlich Images, Ideen und kulturelle Werte verkauft.

> Die Ökonomie des späten Konsumkapitalismus fördert offenbar ein System, in dem Nike statt mit Reebok mit Disney konkurriert und in dem Marken gleichgesetzt werden sollen mit Erlebnis, Lifestyle und Emotion, und es sind diese Qualitäten, die verkauft werden müssen. (Barber 2007: 183)

---

3   Auf Deutsch 1958 als *Die Geheimen Verführer* erschienen.

Dies ist die konsequente Fortführung der Erkenntnis der Werbefachleute, dass Menschen zuallererst Konsumenten von Symbolen und weniger der materiellen Produkte selbst sind (vgl. Rifkin 2000: 238).

Die Unternehmensmarke übersteigt in ihrer Bedeutung in immer größerem Maße die Markenartikel. Das Unternehmen selbst soll somit als Marke etabliert werden (vgl. Schubert 2004: 160). Ein Indiz für diese Entwicklung ist der vollständige Rückzug vieler globaler Unternehmen aus dem Herstellungsprozess, ein Phänomen, das in den 1990er Jahren stark zunahm und beispielsweise in der Bekleidungsbranche gegenwärtig die Standardsituation darstellt. Die Produktion der materiellen Ware obliegt nun einem Subunternehmer, aus Kostenersparnisgründen meist in einem Dritte Welt-Land lokalisiert, während das Unternehmen selbst sich einer Fülle von immer abstrakteren Marketingmaßnahmen widmet, mit dem Ziel „transzendentale Logos" (Klein 2001: 43) zu kreieren. Im Gegensatz zu sinkenden Produktionskosten steigt der finanzielle Aufwand für Bewerbung und Pflege von Marken, den dazugehörigen Logos und ihrer Images stetig. Unternehmen wie Nike produzieren mittlerweile selbst kaum mehr als die Marke und die Infrastruktur, um ihren Wert zu erhalten und zu steigern (vgl. Ritzer 2005: 286-287). Ein erfolgreich zur transzendentalen Marke transformiertes Corporate Brand hat dabei gegenüber spezifischen Produktmarken den Vorzug, das es in seiner Unbeschränktheit auf alles anwendbar ist:

> In dieser Welt der Illusion hat das, was Nichts ist, tatsächlich einen großen Vorteil gegenüber dem Etwas. Das heißt, weil es keine spezifische Substanz gibt, die es beschränkt, kann eine bestimmte Marke in alle beliebigen Richtungen positioniert werden. (Ebd.: 288)

Die Werte und Emotionen, mit denen sie aufgeladen ist, kann die transzendentale Marke auf alles und jeden beziehen, was mit dem entsprechenden Logo ausgestattet ist. Dies zeigt sich in dem starken Trend, neben Dingen zunehmend auch Orte, Menschen und Dienstleistungen mit Marken zu versehen (vgl. ebd.: 286).

Die direkte klassische Werbung – Plakate, Presseanzeigen und TV-, Kino- und Radiospots – wurde in diesem Sinne nach und nach ergänzt um eine Vielzahl neuer Arten des Marketings. So bekam die bereits seit den 1980ern weit verbreitete Strategie des Sponsorings – eine Mischung aus klassischer Werbung, Imagepflege und Philanthropie – eine neue Dimension. Früher vornehmlich auf Sportveranstaltungen und Sportmannschaften beschränkt, verbreitete sich das Sponsoring kultureller Veranstaltungen jeglicher Couleur durch Wirtschaftsunternehmen zunehmend: von Kunstausstellungen über Konzerte bis hin zu Stadtfesten. Während das anfängliche Anliegen der Unternehmen noch darin bestand, ihre Produkte mit positiven kulturellen Werten in Verbin-

stand, ihre Produkte mit positiven kulturellen Werten in Verbindung zu bringen und somit einen Wertzuwachs zu erzeugen, liegt die neue Strategie darin, die Unterscheidung zwischen Sponsor und unterstützter Veranstaltung oder Einrichtung verschwimmen und letztendlich vollkommen obsolet werden zu lassen. Das Unternehmen beziehungsweise die Marke rückt in den Mittelpunkt der gesponserten Veranstaltung und wird somit gleichsam ihr Inhalt (vgl. Klein 2001: 48-49). Ein gutes Beispiel ist die Konzertreihe ‚Nokia Night of the Proms' oder das Hamburger Literaturfestival ‚Vattenfall Lesetage', bei denen der Name des Hauptsponsors sogar Teil des Veranstaltungstitels ist. Im 2004 erschienenen Buch *absolute Marken – Labels – Brands* skizziert Martin Baltes es noch als eine ferne Zukunftsversion, dass „irgendwann" selbst auf Theaterbühnen Werbung aufgeführt würde (vgl. Balthes 2004: 177). Bereits zwei Jahre später wird als Vorprogramm des Musicals *Stomp* bei Aufführungen in New York, Pittsburgh, Dublin und Hamburg ein Live-Werbespot der Tourismus-Organisation Visit London von Schauspielern dargeboten (vgl. Robertson 2006).

Eine völlige Trennung von Kunst und Kommerz beziehungsweise Machtpolitik hat wohl auch in der Vergangenheit nie existiert (vgl. Klein 2001: 51), jedoch gab es eine Selbstbeschränkung der Sponsoren, die eine gewisse Souveränität des Kulturprodukts garantierte. Problematisch wird die Markenexpansion in den Kulturbereich aber laut Klein,

> wenn sich […] das Gleichgewicht dramatisch zugunsten der sponsernden Marke verschiebt und die gesponserte Kultur dadurch ihres inhärenten Wertes beraubt und praktisch nur noch als Mittel zur Verkaufsförderung betrachtet wird. (Klein 2001: 57)

Mittlerweile betreiben viele Unternehmen selbst konzipierte Kulturveranstaltungen in kompletter Eigenregie, wie die Konzertreihen ‚Jägermeister Rockliga' und ‚O2 Musicflash' oder die Kunstwanderausstellung ‚A Curiously Strong Collection' des amerikanischen Bonbonhersteller Altoids, in welcher die Werke junger Nachwuchskünstler präsentiert werden. Werbung finanziert nicht nur die Massenkultur, sondern übernimmt auch immer mehr die Rolle des Staates als Finanzier der hohen Kultur. Des Weiteren wird auch bei traditionellen lokalen Veranstaltungen immer mehr der Einfluss der Sponsoren deutlich. So tragen bereits 85 Prozent aller regionalen Bürgerfeste in den USA den Namen eines Unternehmens, wie ‚AT&T Rose Bowl' oder ‚Kodak Albuquerque International Balloon Fiesta' (vgl. Bollier 2002).

Im Profisportbereich ist es mittlerweile gängige Praxis, die Namensrechte für Sportstätten an einen Sponsor zu vergeben, so wurde in den letzten Jahren in Deutschland beispielsweise das Hamburger Volkspark

Stadion erst zur AOL Arena und ab 2007 zur HSH Nordbank Arena, das Westfalenstadion in Dortmund zum Signal Iduna Park, das Frankfurter Waldstadion zur Commerzbank-Arena und das Nürnberger Frankenstadion zum easyCredit-Stadion umgewidmet. Rolf Müller, der Präsident des Landessssportbundes Hessen, kommentierte letztere Umbenennung damit, dass es äußerst bedauernswert sei, „wenn dabei eine wesentliche Komponente des Sports, nämlich der Traditionsaspekt, zunehmend in den Hintergrund gedrängt wird" (Landessportbund Hessen 2005). Barber weist darauf hin, dass die meisten Sportarenen „auch wenn sie nicht nach einer Persönlichkeit des öffentlichen Lebens benannt sind, von altersher Namen [tragen], in denen etwas Öffentliches mitschwingt" (Barber 2007: 202). In den USA, wo diese Praxis der Namensrechtvergabe bereits seit 1972 betrieben wird, ist sie bei den Sportfans zwar nicht beliebt, wird aber von vielen als „necessary part of the professional sports economic equation" (Kraker 2002) akzeptiert. Auch bei Veranstaltungshallen ist der Namensverkauf gegenwärtig Usus, wie die König Pilsener-Arena in Oberhausen, die Porsche-Arena in Stuttgart, die Berliner O2 World und die SAP-Arena in Mannheim beweisen. Derartige Umbenennungen sind laut Barber symptomatisch für eine Umwandlung der res publica in ,Privatwohl', in wirtschaftliche Sonderinteressen. Der Bürger oder Fan werde somit zum Verbraucher oder treuem Käufer degradiert (vgl. Barber 2007: 202).

An öffentlichen Universitäten ist die Stiftung von Lehrstühlen durch Wirtschaftsunternehmen mittlerweile eine weit verbreitete Reaktion auf Kürzungen der staatlichen Finanzmittel. In den USA sind nach ihren Stiftern benannte Lehrstühle, wie der Yahoo! Chair of Information-Systems Technology an der Stanford University oder der Lego Professorship of Learning Research am Massachusetts Institute of Technology schon lange keine Seltenheit mehr. Auch in Europa nimmt die Zahl industriefinanzierter und -benannter Lehrstühle zu: So findet man beispielsweise an der Schweizer Universität Sankt Gallen einen KPMG-Lehrstuhl für Audit und Accounting, einen Unilever-Lehrstuhl an der niederländischen Universität Leiden und die SGL Carbon AG kommt acht Jahre lang mit insgesamt 4,8 Millionen Euro für den SGL Group-Stiftungslehrstuhl für Carbon Composites an der Technischen Universität München auf. Das neue ,House of Finance', das die finanzwissenschaftlichen Institute der Anfang 2008 zur Stiftung öffentlichen Rechts umgemodelten Frankfurter Goethe-Universität beherbergt, ist zu Teilen von Unternehmen finanziert, die Hörsäle tragen die Namen von Banken: Unter anderem existieren ein Deutsche Bank-, ein Commerzbank- und ein DZ-Bank-Hörsaal. Kritiker beklagen außerdem, dass das Gebäude nicht für alle Studierenden frei zugänglich sei (vgl. Leppert 2008, Dworschak 2008). Barber zufolge stelle allein der Umstand der Namensversteigerung durch Universitäten einen „Anschlag" (Barber 2007: 149) auf akademische Integrität und wissenschaftliche Autonomie dar. Das Branding ursprünglich komplett staatlich getragener Lehreinrichtungen ist bezeichnend für die Transformation öffentlicher Institutionen durch die Beteiligung von Sponsoren:

> Branding und Privatisierung arbeiten [...] Hand in Hand. [...] Wenn man eine öffentliche Institution zur Marke macht, privatisiert man sie praktisch. In den letzten zwanzig Jahren hat man diverse Institutionen, von Sportstadien bis zu Colleges, umbenannt, mit Markenzeichen überzogen und de facto sowohl privatisiert als auch kommerzialisiert. (Barber 2007: 201)

Klein sieht in der fortlaufenden Verschmelzung von Sponsoren und der markenpolitisch eroberten Kultur gar eine neue dritte Kultur: „Ein abgeschlossenes Universum von Markennamen-Menschen, Markennamen-Produkten und Markennamen-Medien." (Klein 2001: 77-78)

Die Grundlage für die Schaffung transzendentaler Marken, mit denen nicht nur materielle Waren, sondern auch Orte, Institutionen, Personen und Emotionen versehen werden können, liegt in der konsumkapitalistischen Logokultur, die im Folgenden aus zeichentheoretischer Sicht erläutert wird.

1.2 Logokultur

> Today consumption [...] defines precisely *the stage where the commodity is immediately produced as a sign, as sign value, and where signs (culture) are produced as commodities.* (Baudrillard 1981: 147; Hervorhebung im Original)

Wie in Kapitel 1.1 beschrieben, sind der Wert und die Bedeutung der klassischen, dinglichen Ware weitgehend durch die Marke ersetzt worden. Das materielle Produkt stellt somit oft nicht mehr als einen Trägerkörper des Markenlogos dar. Bezeichnend dafür ist, dass der Markenname in vielen Fällen bereits den Namen des eigentlichen Gebrauchsgegenstands oder Konsumartikels ersetzt hat. ‚Tempo' steht für Taschentücher, ‚Uhu' für Klebstoff, ‚Tesafilm' für Klebestreifen. „Die Gattungsbezeichnung ist identisch mit dem Warenzeichen geworden", bemerkt Weibel (1987: 6).

Ursprünglich etablierte sich der Markenartikel als Folge der mit der industriellen Revolution einhergehenden Massenfabrikation von Produkten, die durch verbesserte Verkehrsmittel überregional vertrieben und daher unverwechselbar sein sollten.[4] Als Markenartikel erhielten Massengüter ohne faktische Unterscheidungsmerkmale über ihren Gebrauchswert hinaus symbolischen Charakter, vor allem durch den Umstand, dass in den 1920ern der Konsum die Fähigkeit zur Eigenherstellung als gesellschaftlichen Wert massiv verdrängte. Der Kauf von Fabrikerzeugnissen galt von nun an im Gegensatz zur Selbstversorgung als Zeichen gesellschaftlicher Potenz (vgl. Meschnig 2002: 7-8).

Um nun das Wesen des Warenzeichens, gemeinhin Logo genannt, zu ergründen, sieht es der Kunst- und Medientheoretiker Peter Weibel als notwendig an, „die Klasse der Zeichen zu erweitern" (Weibel 1987: 14). Die klassischen Zeichen sind nach der Definition von Charles Sanders Peirce objekt- und interpretantbezogen. In der Peirceschen Zeichentheorie besteht das Zeichen in der triadischen Relation von Repräsentamen, Objekt und Interpretant; nur gesetzt dem Fall, dass die Bezeichnungsrelation von Repräsentamen und Objekt von einem Interpretanten interpretiert wird, handelt es sich um ein Zeichen. Des Weiteren unterscheidet Peirce das Repräsentamen nach seiner jeweiligen Art der Beziehung zum Objekt in die Klassen Ikon, Index und Symbol. Ein Ikon muss nicht in einer existenziellen Beziehung zu seinem Objekt stehen, sondern zeichnet sich dadurch aus, dass es ihm in gewisser Weise ähnelt – ein Bild, ein Foto oder eine Skulptur beispielsweise. Ein Index hingegen besitzt jene existenzielle Beziehung zum Objekt, er verweist darauf. So fallen Ausrufe, ein ausgestreckter Zeigefinger und Demonstrativpronomen in diese Klasse. Ein Symbol schließlich besitzt keinerlei Ähnlichkeit zum Objekt, sondern ist in diesem Sinne willkürlich und konstituiert sich einzig durch die Gewissheit, dass es auf eine bestimmte Art interpretiert wird. (vgl. Peirce 2005: 64-67, Trabant 1996: 31-32).

Ferdinand de Saussure fügte die Doppelseitigkeit als Charakteristikum des Zeichens hinzu: Die untrennbare Gesamtheit des Zeichens besteht für ihn der Vorstellung auf der einen und dem Lautbild auf der anderen Seite. Um diese Verbindung klarer darzustellen, ersetzt er die Vorstellung durch den Begriff Bezeichnetes und das Lautbild durch Bezeichnendes, durch Signifikat und Signifikant, deren Ganzes das Zeichen ist (vgl. Saussure 2001: 77-79). Saussure betont dabei die Arbitrarität des Verhältnisses von Signifikat und Signifikant als eine Grundeigenschaft des sprachlichen Zeichens:

---

4   Die Praxis, Produkte mit besonderen Zeichen zu kennzeichnen, reicht zwar bis 3000 v. Chr. zurück, bis ins 20. Jahrhundert aber blieb es bei marginalen Versuchen, Produkte als Marken zu etablieren, denn nur ein geringer Anteil der Bevölkerung kaufte überhaupt Güter auf Warenmärkten und versorgte sich stattdessen selbst (vgl. Meschnig 2002: 6-7).

> Das Band, welches das Bezeichnete mit der Bezeichnung verknüpft, ist beliebig; und da wir unter Zeichen das durch die assoziative Verbindung einer Bezeichnung mit einem Bezeichneten erzeugte Ganze verstehen, so können wir dafür auch einfacher sagen: das sprachliche Zeichen ist beliebig. (Ebd.: 79)

Das ursprüngliche, willkürliche Verhältnis erhält seine Bedeutung durch Kollektivgewohnheit oder soziale Konventionalisierung (vgl. ebd.: 80). Weibel weist darauf hin, dass sich daraus die Einsicht der Differenzierung sprachlicher Zeichen erschließe (vgl. Weibel 1987: 15).

> Mit Anwendung auf die Einheit kann man den Grundsatz der Differenzierung folgendermaßen formulieren: Die charakteristischen Eigenheiten der Einheit fließen mit der Einheit selbst zusammen. In der Sprache wird, wie in jedem semeologischen System, ein Zeichen nur durch das gebildet, was es Unterscheidendes an sich hat. Nur die Besonderheit gibt das Merkmal ab, wie sie auch den Wert und die Einheit bildet. (Saussure 2001: 145)

Auf dieser Grundlage ergibt sich eine Affinität zum allgemeinen Wertgesetz Marx'scher Prägung (vgl. Weibel 1987: 16):

> [...] auch außerhalb der Sprache [zeigen] sich alle Werte von diesem Grundsatz beherrscht [...]. Sie sind immer gebildet:
> durch etwas Unähnliches, das ausgewechselt werden kann gegen dasjenige, dessen Wert zu bestimmen ist.
> durch ähnliche Dinge, die man vergleichen kann mit demjenigen, dessen Wert in Rede steht. (Saussure 2001: 137)

Um den Wert eines Geldstücks festzustellen, so Saussure, müsse man wissen, dass man es gegen eine bestimmte Menge einer anderen Sache eintauschen kann und außerdem, dass man es mit einer Münze aus demselben Geldsystem oder aus einem anderen Geldsystem vergleichen kann. Ein Wort kann ebenfalls gegen etwas anderes ausgewechselt werden, nämlich eine Vorstellung, und es kann mit einer Einheit aus demselben System, nämlich einem anderen Wort, verglichen werden. Um den Wert eines sprachlichen Zeichens zu bestimmen, reicht es nicht aus festzustellen, gegen welche Vorstellung man es auswechseln kann, also welche Bedeutung es hat. Es muss mit ähnlichen Werten, also anderen Wörtern, verglichen werden (vgl. ebd.: 137-138). „Da es Teil eines Systems ist, hat es nicht nur eine Bedeutung, sondern zugleich und hauptsächlich einen Wert [...]." (Ebd.: 138)

Dies bildet den Ausgangspunkt für den Versuch späterer Zeichentheoretiker wie Jean Baudrillard (1981), in Anlehnung an Marx das allgemeine Warengesetz auch auf die Zeichen zu übertragen. Mittels einer

„political economy of the sign" versucht Baudrillard die Ausdehnung des Wertgesetzes der Waren auf die Stufe der Zeichen zu vollziehen. Das Prinzip der Marx'schen Teilung von Ware in Gebrauchs- und Tauschwert, so zeigt Baudrillard auf, wiederholt sich in Saussures Teilung des Zeichens in Signifikat und Signifikant: „[…] exchange value is to use value what the signifier is to the signified." (Baudrillard 1981: 127) Dem Austausch der Waren im Kapitalkreislauf stellt Baudrillard den Austausch der sprachlichen Zeichen in der Zirkulation des Sinnes gegenüber, die Austauschbarkeit aller Waren spiegelt sich in der Austauschbarkeit aller Zeichen wider (vgl. ebd.: 129).

Die eigentliche funktionale Dimension von Sprache ist die Beziehung des Ausdrucks auf das Bezeichnete, also jene des Signifikanten auf sein Signifikat, ebenso wie sich Geld auf die Ware bezieht, die man im Tausch dafür erhalten kann. Diese Beziehung des Signifikanten auf sein Signifikat ist Baudrillard zufolge jedoch unterbrochen durch die fortschreitende Technologisierung der Lebenswelt (vgl. Weibel 1987: 17). Dadurch entwickelt sich Weibel zufolge

> die strukturelle Dimension der Sprache mehr und mehr zum Begriff des Wertes, womit die Beziehbarkeit aller Ausdrücke aufeinander gemeint ist, die dem Gesamtsystem innewohnt und sich aus distinktiven Oppositionen herleitet. (Ebd.)

In diesem Zustand der „totalen Beziehbarkeit und allgemeinen Austauschbarkeit" (ebd.) nehmen die Signifikanten die Rolle der Tauschwerte und die Signifikate jene der Gebrauchswerte ein. „Der abstrahierenden, symbolisierten, totalen Austauschbarkeit der Waren im Kapitalismus entsprechen derart die frei flottierenden Signifikanten." (ebd.: 18). Auch Lefebvre erkennt das Phänomen der losgelösten Signifikanten:

> Es gibt eine Befreiung riesiger Massen von *Signifikanten*, die mit ihren Signifikaten schlecht verhaftet oder von ihnen losgetrennt sind (Worte, Sätze, Bilder, verschiedene Zeichen). Sie treiben verfügbar für Werbung und Propaganda umher […]" (Lefebvre 1972: 83; Hervorhebung im Original).

Um die Frage zu beantworten, wie frei sich dieser flottierende Signifikant letztendlich bewegt, verweist Weibel auf Iwan P. Pawlows Reflexforschung. „Aus Pawlows Hundeexperimenten können wir lernen, dass nicht nur die Ware verdoppelt auftritt, sondern auch das Zeichen. Ein Zeichen kann nämlich Index und Symbol zugleich sein." (Weibel 1987: 17) Pawlow fand heraus, dass ein beliebiger Reiz, wie das Klingeln einer Glocke, der durch wiederholten Einsatz zeitlich mit Nahrung in Verbindung gebracht wird, die gleiche Reaktion beim Hund hervorrufen kann wie bereitgestelltes Futter, wenn man dieses durch jenen Reiz ersetzt. Betrachtet man das Klingeln der Glocke semiotisch, so kann man den Klingelton zuerst einmal als akustischen Index werten. Er könnte wie eine Fahrradklingel oder Autohupe eine Warnung für die Distanzsinne darstellen. Für den Index einer Glocke würde der Hund jedoch nicht seine Nahrungsreaktion zeigen. Die Erklärung liegt in der Beliebigkeit des Reizes, die nicht zufällig an die Beliebigkeit des Symbols nach Definition von Peirce erinnert:

> Das Klingeln der Glocke, das Lautbild, ist für den Hund ein Symbol, ein Zeichen, ein Signifikant für das Futter. [...] Der Hund schon durchschneidet das Band des Signifikanten zu seinem Signifikat. (Weibel 1987: 20)

Der akustische Index ist für den Hund kein Verweis auf die Glocke, sondern kündigt das Futter an. Durch das Einüben des zeitlichen Zusammenhangs von Signifikant, dem Ton der Glocke, und Signifikat, der Vorstellung von Nahrung, hat der Hund die Bedeutung eines Symbols erlernt. Hier hat das Zeichen demnach doppelte Gestalt, es ist sowohl Index als auch Symbol. Die symbolische Funktion des Zeichens dominiert jedoch, denn der Hund zeigt seine Reaktion ja nicht aufgrund des Indexes, sondern aufgrund der Beziehung zwischen dem akustischen Symbol des Glockenklingelns zum Futter. Das Band des Signifikanten zum Signifikat ist also unterbrochen, denn der Klingelton bezeichnet nun nicht mehr die Glocke, sondern das Futter. Das Symbol ist wie oben beschrieben aber beliebig, der Signifikant Klingelton könnte auch durch etwas anders ersetzt werden und die gleiche Reaktion hervorrufen (vgl. ebd.: 18-21). Doch auch das Signifikat kann nach dem Wertgesetz ausgetauscht werden: „Ebenso kann ein Wort ausgewechselt werden gegen etwas Unähnliches: eine Vorstellung [...]." (Saussure 2001: 137) Weibels Folgerung daraus lautet:

> Der Ort des Symbols ist daher die Vakanz. Alles kann für alles stehen. Peirces Definition des Zeichens wandelt sich also: a sign is anything which stands to anybody for anything. Dieser Gedanke formuliert sich als freies Flottieren der Signifikanten eben durch die Vakanz des Symbols, die jede Stelle einnehmen kann und auf der jeder Marker seine Stelle haben kann. (Weibel 1987: 22)

In der Werbung zeigt sich dies wie folgt: Erscheint ein Hollywoodstar wie George Clooney in einem Werbespot für Martini, tritt die Ware als doppeltes Zeichen auf, als Martini *und* in der Medienfigur George Clooney, wobei der Martini den Star substituiert und dieser selbst für Coolness und Geschmacksicherheit steht. Die gezeigte Martiniflasche steht für den Gebrauchswert und der Martini trinkende Clooney für den Tauschwert und diese können wiederum gespalten und jeweils durch neue Signifikanten visualisiert werden. Möglich ist aber auch, dass der Gebrauchswert, welcher normalerweise dem Signifikat entspricht, zum Signifikanten des Tauschwerts wird und dieser sich wiederum auf ein anderes Signifikat bezieht.

Um dieser wahrhaft „apokalyptischen Verwirrung à la Baudrillard" (Weibel 1987: 22.) zu entkommen, verweist Weibel auf die Arbeit von Roman Jakobson und Linda R. Waugh (1986). Von ihnen wird Saussures Einsicht, dass „[i]n der Sprache [...], wie in jedem semeologischen System, ein Zeichen nur durch das gebildet [wird], was es Unterscheidendes an sich hat" (Saussure 2001: 145), auf einen Binarismus verschärft, demzufolge alle distinktiven – also bedeutungsunterscheidenden – Merkmale von Zeichen nur zwei gegensätzliche Werte annehmen können. Jene distinktiven Merkmale sind gleichzeitig die letzten oppositiven Grundbestandteile der Sprache (vgl. Weibel 1987: 22).

> Der Begriff der Opposition liegt sowohl dem phonlogischen als auch dem grammatischen System der Sprache zugrunde. Im Gegensatz zu jedem Paar von rein zufälligen Elementen, die keine prädiktive Auskunft übereinander geben, ist die Opposition eine intuitive logische Operation, die das gleichzeitige Vorhandensein von zwei Oppositionsgliedern in unserem Geist impliziert. [...] so sind bei solchen Paaren von abstrakten Begriffen wie beweglich ~ unbeweglich, fern ~ nahe, teuer ~ billig die Glieder jedes Paares in unserem Geist untrennbar miteinander verbunden. (Jakobson/Waugh: 1986: xxi)

Um dies zu verdeutlichen, entwirft Weibel das Gedankenbild eines Würfels, gebaut aus Oppositionen und Dichotomien, in den ein Phonem hineinfällt und sich nur innerhalb der Dichotomien und Gegensätze bewegen kann. Dem oppositiven Binarismus, in dem alle distinktiven Merkmale nur zwei Werte haben können, unterwirft sich nun das Zeichen in seiner doppelten Gestalt (vgl. Weibel 1987: 22-23). Der frei flottierende Signifikant bewegt sich demnach innerhalb dieser distinktiven Oppositionen, wie das Phonem im Würfel ist er ein „Gefangener der distinktiven Opposition in seiner Bewegung" (ebd.: 23).

Somit erhalten wir eine Einschränkung des Spielraums des flottierenden Signifikanten:

> Die Vakanz des Symbols wird im Logo zum Binarismus. Denn all das, was wir bisher über das Zeichen unter dem Wertgesetz der Ware gehört haben, muss ja insbesondere für jene Zeichenklasse gelten, die sich direkt auf Waren bezieht." (Ebd.)

Die klassischen Zeichen nach Definition von Peirce – Index, Ikon und Symbol – sind, wie oben beschrieben, objektbezogen, die gegenwärtige Welt besteht jedoch hauptsächlich aus Waren. Dies macht die von Weibel vorgeschlagene Erweiterung der Klasse der Zeichen um ein direkt warenbezogenes Zeichen notwendig: das Logo oder auch Warenzeichen. Baudrillard zufolge war das Geld die erste Ware, die Zeichenstatus erlangte und so dem Gebrauchswert entkam, der Tauschwert koppelte sich also von diesem ab. In der Analogie zur Zeichenwelt entspricht dies der Abkopplung des Signifikanten vom Signifikat beim Symbol. Das Logo geht sogar noch einen Schritt weiter und ‚entkommt' auch dem Tauschwert (vgl. ebd.).

> Der Gebrauchswert der Uhr steigert sich durch das Symbol des Goldes. Doch eine vergoldete Uhr hat heute nur mehr wenig symbolischen Wert. Das Symbol des Goldes wird ersetzt durch das Markenzeichen (Logo) der Uhr und des Goldes. Rolex-Gold ist besser als Gold. Jedes Zeichen lebt vom Anderssein. Das Logo bestätigt das Anderssein, den Klassenunterschied. Im Logo wird das Zeichen selbst zur Ware. (Ebd.)

Für die Vermarktung eines Produkts werden des Öfteren gerade Werbeslogans genutzt, welche die Andersartigkeit hervorheben. In der Automobilwerbung findet man beispielsweise Slogans wie: ‚Überraschend. Überzeugend. Anders' (Daihatsu-Slogan, 2000), 'Unlike any other' (Mercedes-Slogan, 2003), 'Erfrischend anders' (Honda-Slogan, 2003) oder ‚Feel the difference' (Ford-Slogan, 2006). Wie und warum das jeweilige Auto anders als das übrige Warenangebot ist, wird nicht erklärt; genau so unklar bleibt, ob es sich bei dieser Differenz um einen qualitativen Unterschied handelt. Wenn sich die Produkte materiell kaum voneinander unterscheiden, muss durch die Markenwerbung stattdessen „die Illusion oder das Image von Differenz" (Ritzer 2005: 289) geschaffen werden. Derartige Werbeslogans arbeiten mit dem vom Signifikat, von der realen Ware, abgekoppelten Signifikanten und betonen zugleich die Leerstelle des Symbols. „Die Struktur der Vakanz (Symbol) und des Binarismus (Logo) mischen sich in der semiokratischen Gesellschaft." (Weibel 1987: 23) Die Kraft des Markenzeichens liegt hier nur in seiner Distinktion, sein Code ist leer. Noch deutlicher wird dies bei ‚Coke is it', einem Coca-Cola-Slogan von 1982. Wofür ‚it' steht, bleibt offen, ‚es' ist die Vakanz. Dadurch bekommt die Werbebotschaft allumfassenden Charakter: Coca-Cola kann einfach alles sein (vgl. Weibel 1987: 23).

Die Werbestrategen von Coca-Cola nutzen auch die umgekehrte Werbevariante, indem sie gerade diese Abkoppelung des Signifikanten leugnen: ‚It's the real thing' (1970) ‚Can't beat the real thing' (1989), ‚Enjoy the real thing' (1999). „Eben weil wir wissen, dass das Reale und die

Dinge verloren sind, wird nostalgisch darauf beharrt [...]." (Weibel 1987: 23-24) Interessant ist auch folgende Werbeaufforderung von Coca-Cola an die Konsumenten aus dem Jahr 2003: ‚Make it real'. Soll der Cola-Trinker durch seine Wahl des Coca-Cola-Logos den letzten Schritt vollziehen und das Konsumprodukt Cola-Getränk vollständig durch das Markenzeichen Coca-Cola ersetzen? Die passende Slogan-Antwort des Hauptkonkurrenten Pepsi, der die gleiche Ware mit anderem Logo anbietet, bestätigt wiederum dessen Alleinanspruch auf den Signifikanten für Cola: ‚Pepsi. It's the cola' (2007).

Wie oben beschrieben, bewegt sich der frei flottierende Signifikant im Logo trotz seiner Abkopplung vom Signifikat innerhalb der binären Struktur der distinktiven Merkmale. Demnach setzt er sich nach Abkopplung von seinem ursprünglichen Signifikat auf das oppositive Signifikat. So funktioniert der politische Beatles-Song *Revolution* als Hintergrundmusik für einen Nike-Werbespot, ein Bild von Beat-Poet Jack Kerouac als Anzeigenmotiv für die Bekleidungskette Gap oder eine Filmaufnahme von Mahatma Ghandi als Material für einen Apple-Werbespot.

Vor allem in der Kommodifizierung menschlicher Werte und Gefühle wird das in der Logokultur herrschende Prinzip der Austauschbarkeit sichtbar. Wenn Coca-Cola mit Bildern der vom Unternehmen gesponserten Behindertenolympiade wirbt und Marken-Logo und -Slogan neben die emotionalen Bilder behinderter Sportler platziert, werden die Emotionen der Menschen zum kommodifizierbaren Warenzeichen transformiert. So werden nicht mehr nur Zeichen, sondern der menschliche Körper und die komplette Lebens- und Gefühlswelt unter das Wertgesetz der Ware gestellt. In der Logokultur wird alles zum käuflichen Konsumartikel (vgl. Weibel 1987: 24-25). So fällt Weibels diesbezügliche Zukunftsprognose entsprechend düster aus: „Authentizität, Substanz, Fortschritt werden nur mehr Logos sein für Markenartikel, mit denen man das Gegenteil verkauft." (Ebd.: 25)

1.3 Marken- und Konsummythen

Schubert (2004) zufolge weist das moderne Markensystem deutliche Parallelen zu mythischen und auch religiösen Diskursen auf: Architektonische Markenwelten, wie die Autostadt des Volkswagen-Konzerns in Wolfsburg, zeigen starke Parallelen zu Kirchen und Kultstätten. Das mit Bedeutungen und Werten aufgeladene Markenlogo weist ebensolche Parallelen zu sakralen Symbolen wie dem Kreuz oder dem Halbmond auf. Die Bedeutungs- und Beziehungswelt einer Marke wird für Mitarbeiter bis ins kleinste Detail in Handbüchern, so genannten Marken-Guidelines dargelegt, in dem auch die Historie der Marke, in der Unternehmenssprache ‚Brand Heritage‘, und ihre Ziele, die ‚Brand Mission‘, erläutert werden. Der umgangssprachlichere Begriff ‚Markenbibel‘ liegt da auf der Hand. Mitarbeiter wie Kunden werden aufgefordert, sich mit der Marke zu identifizieren und ihre Werte ‚zu leben‘.[5] Nicht vergessen sollte man in diesem Zusammenhang die oft übersehene akustische Komponente von Marken: das ‚Sonic Branding‘ in Form von Werbejingles, die eine signalisierende und komplexitätsreduzierende Funktion haben, ähnlich wie „heidnische Trommel-Riten, der Ruf des Muezzin, die Kirchenglocken, die die Gläubigen zum Gebet versammeln" (Schubert 2004: 162).

Auch wenn Waren, ihre Herstellung und ihr Konsum durchaus Teil eines rational geprägten Weltbilds sind, so ist Markenwerbung oftmals das Gegenteil, denn sie ist nicht nur Handlungsanleitung, sondern produziert auch Mythen (vgl. Marschik 2008: 300-301). Dies verhielt sich nicht immer so: In der Anfangszeit des Fernsehens präsentierte die Werbung noch vorrangig „handfeste Produkte" mit dem Ziel des Entwurfs „einer stabilen und stabilisierenden Warenwelt […] und dazu passender rationaler Konsumentinnen und Konsumenten" (ebd.: 301). Das änderte sich jedoch bald mit der verstärkten Hinwendung zum Luxusgut. Die symbolischen Aspekte der Warenwelt rückten immer mehr in den Vordergrund, bis nicht mehr Waren, sondern Mythen beworben wurden, welche man durch den Erwerb bestimmter Produkte symbolisch akzeptiert (vgl. ebd.: 301-305).

Die symbolischen Welten, die um Marken herum konstruiert werden, sind voller mythischer Archetypen: ikonische Abenteurer wie der Marlboro-Mann, der alte Weise, der aufgrund seiner Lebenserfahrung bestimmte Produkte empfiehlt, die gute Mutter, die nur das Beste für ihre Kinder will, tatkräftige Helden, rettende Engel oder der ‚puer aternus‘ – der ‚ewige Junge‘ oder besser noch: das ‚Kind im Manne‘, welches beispielsweise Thomas Gottschalk in Werbespots für die Firma Haribo verkörpert (vgl. Führer 2005: 142-151). Gleichsam greift Markenwerbung auf Schemata klassischer, zentraler Mythen zurück, wie den Naturmythos, welcher sich beispielsweise in der heilen, naturverbundenen Bauernwelt der Landliebe-Molkereiprodukte wieder findet.

Mag die mythische Lebensform der so genannten Naturvölker weltweit größtenteils untergegangen sein, so existiert Cassirer zufolge jedoch auch in modernen Gesellschaften noch immer die geistige Funktion, die mythisches Denken verantwortet.

---

5   *Living the Brand* (2001) ist konsequenter Weise auch der Titel eines erfolgreichen Manager-Ratgeberbuchs des Unternehmensberaters Nicholas Ind.

Der Untergang der *Inhalte* des mythischen Bewusstseins bedeutet keineswegs notwendig zugleich den Untergang der geistigen *Funktion*, der sie entstammen. Nichts von den mythischen *Gebilden* braucht sich in die Wirklichkeit der Erfahrung und in den Kreis ihrer Gegenstände herüberzuretten - und dennoch kann sich zeigen, daß jene *Potenz* des Geistes, deren erste konkrete Äußerung der Mythos war, sich in einer bestimmten Hinsicht behauptet, und daß sie innerhalb der neuen ‚Dimension‘ des theoretischen Selbstbewusstseins, in neuer Gestalt, in einer Art Metamorphose, weiterlebt und weiterwirkt. (Cassirer 2002: 88; Hervorhebungen im Original)

Roland Barthes weist mit seiner pointierten Beschreibung des neuen Citroen-Models in *Mythen des Alltags* (1964) auf die mythischen Strukturen hin, die hinter Markenprodukten stehen:

Ich glaube, dass das Auto heute das genaue Äquivalent der großen gotischen Kathedralen ist. [...] eine große Schöpfung der Epoche, die mit Leidenschaft von unbekannten Künstlern erdacht wurde und die in ihrem Bild, wenn nicht überhaupt im Gebrauch von einem ganzen Volk benutzt wird, das sich in ihr ein magisches Objekt zurüstet und aneignet. (Barthes 1964: 76)

In seiner semiotischen Analyse des Mythos identifiziert Barthes diesen als Mitteilungssystem und das „Natürlichmachen" (ebd.: 114) von Unnatürlichem als seine grundlegende Funktion. „Das Ziel der Mythenbildung ist es, die Werte einer Kultur als natürlich oder normal auszugeben [...]." (Karmasin 2007: 210) Ursache für diese Wirkung ist die Lesweise des Mythos als System von Fakten, anstatt ihn als das semiologische System zu sehen, das er eigentlich darstellt (vgl. Barthes 1964: 114-115). Dies begründet die Macht des Mythos über seine Leser.

Was dem Leser ermöglicht, den Mythos unschuldig zu konsumieren, ist, dass er in ihm kein semiologisches, sondern ein induktives System sieht. Das Bedeutende und das Bedeutete haben in seinen Augen Naturbeziehungen. (Barthes 1964: 115)

Das von Lévi-Strauss auf den Mythos angewandte binäre Ordnungssystem machen sich Marken beziehungsweise deren Vermarkter zu eigen, um eine Entsprechung zu als sinnvoll erachteten Werten und Ideologien aufzubauen. Die Effizienz von Marken, die großen Mythen der Menschheitskultur zu inszenieren, kann man direkt an ihrem Erfolg und ihrem Wert messen (vgl. Karmasin 2007: 210-212).

Die Werbewirtschaft kreiert aber auch neue Mythen um Marken herum, letztendlich werden diese selbst mythisiert. Denn Mythen sind nicht auf bestimmte Inhalte beschränkt, wie Barthes bemerkt: „Es gibt formale Grenzen des Mythos, aber keine inhaltlichen. Alles kann also Mythos werden? Ich glaube, ja, denn das Universum ist unendlich suggestiv." (Barthes 1964: 85) Die Disney-Brüder Walt und Roy erkannten den wirtschaftlichen Nutzen einer eigenen Mythenkreation relativ frühzeitig und verstanden es schon in der ersten Hälfte des 20. Jahrhunderts, ihren Markennamen mit dem Mythos einer heilen, sauberen und perfekten Welt der Familienunterhaltung zu erfüllen. (Siehe dazu auch Masters 2001)

Durch den natürlichkeitsstiftenden Charakter des Mythos, seine Darstellung als induktives System für seine Leser, schafft Mythologisierung eine Art von „Immunisierungs-System" (Schubert 2004: 164), welches grundlegend für die gegenwärtige Wirtschaftsmacht von Marken und ihre Rolle als einer der Hauptbestandteile des Unternehmenswerts ist (vgl. ebd.). Moderne Markenmythen sind zwar weitaus einfacher zu attackieren und zu erschüttern als die klassischen Menschheitsmythen, erweisen sich jedoch als relativ resistent gegen die Verbreitung von negativem Wissen über sie. So wird durch das allgemein bekannte Wissen über die gesundheitlichen Folgen, die der Konsum der Produkte von McDonalds und Coca-Cola nach sich zieht, der Mythos der Marken kaum berührt (vgl. Führer 2005: 160).

Markenwerbung zeigt die vorgebliche Möglichkeit auf, durch konsumierbare Waren in den Besitz gewisser Lebensgefühle zu gelangen, die von ihr inszenierten „Mythen des perfekten Daseins" in die Realität umzusetzen (vgl. Marschik 2008: 306-307). Dadurch fördert die Werbung eine Fragmentierung des Selbst[6]: „Werbesujets gehören [...] zu den wichtigsten alltagskulturellen Wegbereitern des Spiels mit Mythen und Idealen und damit der Unterwanderung einer als stabil inszenierten Identität." (Ebd.: 301)

---

6   Marschik sieht dieses fragmentierte Selbst im Gegensatz zu einer stabil konstruierten Identität „in Gestalt der Chance von Veränderbarkeit und Freiheit, aber auch der Unsicherheit von Flexibilität und situationaler Anpassung" (Marschik 2008: 299).

1.4 Semiotische Kolonisation durch den Konsumkapitalimus

1.4.1 Kolonisation des öffentlichen Raums

Der offensichtlichste Aspekt der semiotischen Kolonisation des öffentlichen Raums durch den Konsumkapitalismus ist Außenwerbung. Den Ursprung öffentlicher Werbung stellt das Plakat oder Werbeschild dar, das schon im antiken Rom für die Ankündigung von Gladiatorenkämpfen genutzt wurde. Im frühen 16. Jahrhundert verbreitete sich unter europäischen Handwerkern und anderen Gewerbetreibenden schließlich die Nutzung individueller, gemalter Aushängeschilder mit Zunftemblemen und Symbolen, welche auch für Analphabeten verständlich waren. Die moderne städtische Werbung begann aber erst in der zweiten Hälfte des 19. Jahrhunderts in Form des farbigen Lithografieplakats und erfuhr eine weitere Entwicklung durch die 1854 von Ernst Litfass erstmals in Berlin installierte Litfass-Säule (vgl. Sailer 1965: 7-14). Seither gibt es ein immer stärkeres Vordringen von Werbeartefakten in den urbanen Raum, das vermehrt starke Kritik auf sich zieht. „Wir erleben eine Invasion von Marken, die alles besetzen, worauf der Blick im öffentlichen Raum fällt. Die Städte und zusehends die Landschaften mutieren zu Medien für die Werbung," bemerkt der österreichische Architekturprofessor Georg Franck (2003: 36). Jede freie Fläche im urbanen und zunehmend auch im ländlichen Raum wird zur Darstellung von Firmenlogos und Werbebotschaften herangezogen.[7] Die sichtbare „Oberfläche der Städte" (Franck 2005: 229) wird als Projektionsmedium für Werbung eingenommen, was so weit geht, dass „Werbung zum festen Bestandteil von Gebäudetechnik geworden ist" (ebd.). Bestimmend ist hier das Prinzip der Ubiquität, der Allgegenwärtigkeit, nach dem jedweder markenfreier Raum ein unerfülltes Potenzial für Marketingspezialisten darstellt (vgl. Barber 2007: 225). Die Attraktivität urbanen Raums für Markeninszenierung geht dabei weit über die gebotene Werbefläche hinaus:

> Marken als Produzent von Identifikationsangeboten und Anbieter von Erlebnisräumen sind in Zukunft die wichtigsten potenten Akteure im urbanen Gefüge. Die Markenstrategen entdecken die Wertigkeit realen Raums, weil sich im räumlichen Erlebnis das Gefühl von Wirklichkeit und Wahrhaftigkeit herstellen lässt; ich erlebe, also bin ich. Ohne die Markenstadt bleibt die Markenidentität nur ein Image, ein Bild, ein leeres Versprechen. Im urbanen Raum wird es zum Angebot, zur optionalen Realität, die Markenidentität wird erlebbar. (Borries 2004: 77-78)

---

7   In den Niederlanden findet sich gar auf weidenden Schafen beziehungsweise auf deren Überhangdecken Werbung für die Online-Reservierungsfirma Hotels.nl (vgl. Barber 2007: 225).

So können ganze Stadtviertel einen Identitätswandel durchmachen. Der New Yorker Times Square beispielsweise wurde von einem Unterhaltungsbezirk mit authentischer populärer Kultur in Form von Straßenmusikern und Spielhallen zu einem ‚gebrandeten' Ort transformiert, bestimmt von einer kommerziellen Massenkultur von Marken und Konsumenten (vgl. Barber 2007: S.198). Der vorläufige Höhepunkt dieser Entwicklung fand 1996 in der kanadischen Metropole Toronto statt, wo der Jeanshersteller Levi Strauss nahezu alle Hausfassaden des Stadtviertels Queen Street für ein Jahr anmietete und durch silberne Farbe, Anbauten, Spiegel und Neonlicht in eine gigantische Werbeinstallation für die neue ‚SilverTab'-Jeans verwandelte (vgl. Klein 2001: 56). Überbieten könnte dies wohl nur noch der futuristisch klingende, jedoch in aller Ernsthaftigkeit diskutierte Plan der Restaurantkette Pizza Hut, ein gigantisches Werbebanner aus reflektierendem Spezialplastik in den Erdorbit zu schießen und somit auch den Himmel als Werbefläche zu belegen (vgl. Bollier 2002).

Im Zuge dieser Entwicklung wird die Straßenkultur, das sich auf der Straße abspielende Leben der Stadtbewohner, in immer stärkerer Weise gemaßregelt, wie Klein bemerkt:

> Es ist eine Ironie unseres Zeitalters, dass sich heute, da die Straße die heißeste Ware in der Werbekultur geworden ist, die Straßenkultur selbst im Belagerungszustand befindet. Von New York über Vancouver bis London geht die Polizei immer schärfer gegen Graffitimaler, Plakatkleber, Bettler, Pflastermaler, jugendliche Autofensterputzer, gegen Leute, die Pflanzen auf Wohnstraßen pflanzen, und gegen Lebensmittelverkäufer vor. Sie kriminalisieren damit alles, was sich im Leben einer Stadt wirklich auf der Straße abspielt. (Klein 2001: 321)

Mit der verstärkten Kommerzialisierung geht auch eine zunehmende Privatisierung öffentlichen Raums einher: „Wir erleben eine neue Art Privatisierung eines öffentlichen Raums: die Privatisierung des uns als Subjekte umgebenden Erlebnisraums." (Franck 2003: 39) Der öffentliche Stadtraum, die Gebiete entlang den Straßen und die freie Landschaft sind für Franck „inbegrifflich öffentliche Güter" in der Hinsicht, dass sie in ihrer Eigenschaft als erlebter Umraum und unwillkürlich erlebte Umgebung allen zueigen sind. Außerdem handelt es sich um öffentliche Güter im terminologischen Sinn, denn auch wenn Gebäude und Grundstücke Privateigentum sind, können sie ästhetisch von allen genossen werden, ohne dass ihr individueller Genuss den anderen etwas wegnimmt. Durch ihre Umgestaltung zu Werbemedien werden diese Räume in eben jener, durch kommunen Charakter gekennzeichneten Eigenschaft privatisiert (vgl. ebd.: 39-40).

Angesichts knapper Finanzmittel veräußern Kommunen zunehmend auch zentrale urbane Flächen an Unternehmen. Ein Paradebeispiel ist der Verkauf des brachliegenden Geländes rund um den Potsdamer Platz in Berlin. Ein Areal von 500.000 Quadratmetern ging zur Entwicklung an die damalige Daimler-Benz AG, unter deren Federführung ein neues Stadtviertel entstand, weithin als ‚Quartier Daimler' oder auch ‚Daimler City' bekannt. Mittlerweile wurde Daimler City an einen zur schwedischen SEB-Bank gehörenden Immobilienfonds weiterverkauft (vgl. Oloew 2007). Das Sony-Center, ein Komplex aus Geschäften, Kinos, Museen, Büros und Wohnungen auf 132.500 Quadratmetern, schließt direkt daran an. In diesem Fall bauten die investierenden Unternehmen nicht nur wie üblich die Plätze und Straßen zwischen ihren Gebäuden, sondern gelangten durch den Erwerb der kompletten Grundstücke auch in den Besitz des Hausrechts für dieses öffentlich zugängliche Stadtgebiet (vgl. Spiegel Online/ssu/AFP/AP 2008).

Das Ergebnis derartiger Umstrukturierung von einst öffentlichem Raum sind Brandscapes, Markenlandschaften, von ihrem historischen und traditionellen Kontext befreite Räume, die nun als materiell gewordene, dreidimensionale Markenerlebniswelten Werbung mit höchster Verweildauer darstellen. Wie die Architekturberaterin Anna Klingmann bestätigt, ist Architektur „nicht mehr nur ein Bestandteil der Vermarktung unserer Umgebung, sondern sie ist zu deren wesentlichem Inhalt geworden" (Klingmann 2006). Betrachtet man mit Eco (1972) Architektur als ein System von Zeichen, so dominieren hier die Zeichen des Konsumkapitalismus. Mit anderen Worten: Die Architektur konnotiert eine Ideologie des Marktes.

Die von Befürwortern als Mittel für Stadterneuerung und wirtschaftliche Aufwertung verteidigte Übergabe öffentlicher Räume an private Unternehmen fördert eine schnell voranschreitende Homogenisierung von Städten. Denn der Schwerpunkt bei der Planung und Umsetzung von Brandscapes liegt auf der Darstellung der abstrakten Unternehmensidentität, die sozialen Geflechte des Ortes und seine kulturelle Distanz zu anderen Orten werden hingegen nicht berücksichtigt und gleichwohl zerstört. Die Schaffung neuer architektonischer Bedeutungsstrukturen resultiert in urbanen Monokulturen. Der Globalisierung beziehungsweise Maximierung des Marktes steht eine Minimierung des Ortes gegenüber (vgl. Klingmann 2006). Der Soziologe George Ritzer (2005) spricht in diesem Zusammenhang von „Nicht-Orten". Diese unterscheiden sich von Orten auf mehreren Ebenen: der Einzigartigkeit, Zeitspezifik und Dauerhaftigkeit von Orten setzen Nicht-Orte ihrerseits Generik, relative ‚Zeit-losigkeit' und Dauerlosigkeit entgegen. Während Orte greifbare geografische Umgebungen sind, werden Nicht-Orte eher durch Ströme charakterisiert und sind selbst Bestandteile eines größeren Raums von Strömen. Durch diese Fluidität, sowie das Fehlen von Bindungen an lokale geografische Schauplätze und Zeitperioden erschweren Nicht-Orte das Knüpfen sozialer Beziehungen und eine Identifikation mit ihnen und sind in diesem Sinne entmenschlicht (vgl. Ritzer 2005: 88-102). Dies spiegelt das Konzept von „placelessness" des Geographen Edward Relph wider:

> Placelessness describes both an environment without significant places and the underlying attitude which does not acknowledge significance in places. It reaches back into the deepest levels of place, cutting roots, eroding symbols, replacing diversity with uniformity and experiential order with conceptual order. (Relph 1976: 143)

Die Folge ist die Entfremdung des Menschen von diesen Orten. Relph weist darauf hin, dass ‚placelessness' vor allem das Produkt einer Entwicklung ist, welche das Hauptaugenmerk auf Effizienz legt. Orte werden von nicht-ansässigen Unternehmen und Architekturplanern als auswechselbare und ersetzbare Standorte von Dingen behandelt. Die hierbei dominierenden gesellschaftlichen Ideen für Landschaften und Orte werden von wenigen entwickelt, durch die Massenmedien verbreitet und in die Massenkultur aufgenommen (vgl. ebd.). Dies mündet Relph zufolge in

> [...] uniform, sterile, other-directed, and kitschy places – places which have few significances and symbols, only more or less gaudy signs and things performing functions with greater or less efficiency. The overall result is the undermining of the importance of place for both individuals and cultures, and the casual replacement of the diverse and significant places of the world with anonymous spaces and exchangeable environments. (Ebd.)

Der Architekturwissenschaftler Iain Borden betont das daraus resultierende Fehlen einer Sprache der Stadt: „Socially, it means that we have no *language* of the urban living, and instead we are surrounded by an emptiness filled by signs." (Borden 2001: 181; Hervorhebung im Original) Diese Entwicklung richtet sich gegen das von Relph formulierte menschliche Bedürfnis nach einer Verbindung mit signifikanten Orten. Das Phänomen ‚placelessness' führt unweigerlich in eine Zukunft, in der Orte keine Rolle mehr spielen, also – mit anderen Worten – bedeutungslos sind (vgl. Relph 1976: 147). Den einstmals historisch gewachsenen Städten, deren Bau oft praktische und klimatische Gründe zugrunde lagen, werden durchkonzipierte, sich architektonisch wiederholende

Städte gegenübergesetzt, bei denen das Prinzip der Visualisierung dominiert. Auch Lefebvre kritisiert diese Entwicklung:

> The predominance of visualization [...] serves to conceal repetitiveness. [...] We build on the basis of papers and plans. We buy on the basis of images. Sight and seeing, which in the Western tradition once epitomized intelligibility, have turned into a trap: the means whereby, in social space, diversity may be simulated and a travesty of enlightenment and intelligibility ensconced under the sign of transparency. (Lefebvre 1991: 75-76)

Die Kulmination dieser Entwicklung liegt für Barber in den Shopping Malls, den gigantischen, erstmals in den USA konzipierten Einkaufszentren, die sich meist als isolierte Komplexe außerhalb des Stadtzentrums befinden. Solange Geschäfte in der direkten Nachbarschaft von Schulen, Kirchen, städtischen Ämtern und Restaurants in das Stadtbild integriert waren, war der Prozess des Einkaufens nur eine öffentliche Aktivität unter vielen, zweckdienlich und ergänzend. Die durch Malls praktizierte komplette Isolierung des kommerziellen Raums von jedwedem öffentlichen Raum resultiert jedoch in einer völligen Dominanz des Konsumaspekts, durch die jede an diesem Ort stattfindende menschliche Aktivität in eine Variation von Kaufen und Verkaufen mutiert (vgl. Barber 2001: 130). Marktaktivität, einst nur in der Peripherie kultureller Aktivitäten vorhanden, wird nun zum bestimmenden Motiv. Öffentliche kulturelle Aktivitäten werden vom Einkaufszentrum absorbiert und somit zu Verkaufsprodukten transformiert, Kultur existiert hier nur als zur Ware gewordene Erfahrung (vgl. Rifkin 2000: 206). Rifkin bezeichnet Einkaufszentren als „ausgeklügelte Kommunikationsmedien, dazu geschaffen, Elemente der Kultur in kommerziell simulierten Formen zu reproduzieren" (ebd.: 207-208). Aus der ehemaligen öffentlichen Agora wird eine „eindimensionale kommerzielle Arena" (Barber 2007: 202). Hier ist „die gesamte Symbolwelt der Konsumkultur präsent" (Berger 2004: 15). Konsum wird zum alles bestimmenden Erlebnis in einem weitgehend abgeschlossenen Raum, der weder Uhren noch natürliches Licht und nur wenige Ausgänge bietet, aber dafür mit Restaurants, Imbissständen, Kinos, Videospielhallen, künstlichen Seen, Spielmöglichkeiten für Kleinkinder und weiteren Freizeitangeboten zum Verweilen auf Dauer einlädt (vgl. Barber 2001: 130-131.). Dem Konsum kommt hier nicht mehr eine Zweckfunktion zu, die Konsumhandlung selbst ist das Ziel. 93 % der amerikanischen Jugendlichen geben mittlerweile Einkaufen als ihr liebstes Hobby an (vgl. Kingsnorth 2005: 167). Bereits Mitte der 1980er verbrachten amerikanische Teenager, abgesehen von Schule und Elternhaus, nirgendwo mehr Zeit als in Einkaufszentren (vgl. Rifkin 2000: 207).

In den USA und zunehmend auch in anderen Ländern, in welche die Mall-Kultur exportiert wurde, dienen Einkaufszentren bereits vielen Menschen als soziale Treffpunkte. Denn neben Kommerz und Unterhaltung ist auch die Nachahmung von Stadtzentren ein Bestandteil der Mischform einer Mall (vgl. Berger 2004: 15). Der hier genutzte vermeintlich soziale Raum befindet sich aber zu 100 Prozent in privater Hand; politische Grundrechte wie die Versammlungsfreiheit, die Meinungsfreiheit und das Demonstrationsrecht werden demnach von den Hausregeln des Betreibers außer Kraft gesetzt. Öffentlicher Raum wird durch Bänke, Springbrunnen, Bepflanzungen und Kinderspielplätze nur simuliert, denn

> [d]as kulturelle Handeln, das hier stattfindet, ist niemals Selbstzweck, sondern gehört stets zur zentralen Mission, nämlich gelebte Erfahrungen zu Waren zu machen: durch Waren- und Unterhaltungsangebote gegen Bezahlung. (Rifkin 2000: 208)

Zunehmend müssen sich amerikanische Gerichte mit der Frage nach der Bewahrung demokratischer Grundrechte an rein kommerziellen Orten beschäftigen, die mehr und mehr die Attribute und Funktionen eines öffentlichen Forums annehmen (vgl. Meschnig 2002: 53). Malls sollen ihren Betreibern nach als Gemeinschafts- und Freizeitzentren dienen (vgl. Rifkin 2000: 212), über den Zugang und Aufenthalt wird jedoch von den Eigentümern bestimmt. Es häufen sich Fälle, wie jener des Anwalts Stephen Downs, der 2003 in einem Einkaufszentrum in Albany, New York, vom Sicherheitsdienst aufgefordert wurde, sein gerade erworbenes T-Shirt mit dem Aufdruck ‚Give Peace a Chance‘, welcher als Protest gegen den Irakkrieg gedeutet wurde, auszuziehen oder aber den Gebäudekomplex umgehend zu verlassen. Downs weigerte sich mit dem Hinweis darauf, dass er weder Flugblätter verteilen noch auf andere Art die übrigen Kunden belästigen würde, sondern etwas essen wolle. Letztendlich wurde er von der herbeigerufenen Polizei verhaftet (vgl. Hu 2003). Die Problematik dieser beiden aufeinander treffenden Sphären, des öffentlichen städtischen Raums und des privaten Konsumraums, welcher ersteren simuliert und ersetzen will, spiegelt sich in den diesbezüglichen Urteilen amerikanischer Gerichte wider, die häufig mehrdeutig und widersprüchlich ausfallen (vgl. Rifkin 2000: 214).

Die Verbindung zwischen Einkaufszentren und Vergnügungsparks wie Disneyland – in Anlehnung an den englischen Begriff ‚theme park‘ mittlerweile oft im Deutschen auch als Themenparks bezeichnet – liegen laut Barber auf der Hand:

> [...] the theme park [...] finds its most common outlet nowadays not in the specialty fairgrounds in Anaheim and Orlando but in shopping malls all across the country. For these malls are entertainment plazas built around the multifaceted pleasure of shopping. (Barber 2001: 130)

Themenparks symbolisieren am anschaulichsten die Transformation der Realität durch den Kommerz (vgl. ebd.: 128) und sind gleichzeitig Vorbilder einer neuen städtebaulichen Entwicklung. Der Brückenschlag zwischen Themenpark und Großstadt, die Synthese von urbanem Raum und kommerzieller Erlebniswelt, ist wohl nirgendwo so deutlich auszumachen, wie am Beispiel der Glücksspielstadt Las Vegas. Im Gegensatz zu Disneys komplett künstlichen Erlebniswelten hat man es hier mit einer realen Metropole zu tun, die durch ein Übermaß an touristischen Attraktionen und Hotelanlagen, die schon wieder kleine Themenparks für sich bilden, selbst zu einem gigantischen Themenpark geworden ist. „Las Vegas ist – aus europäischer Sicht – das stadtgewordene Disneyland [...]." (Borries 2004: 76)

Mag Las Vegas als besonders spektakuläres Beispiel einer Synthese aus Stadt und Themenpark hervorstechen, so muss man jedoch darauf hinweisen, dass sich mittlerweile weltweit Städteplaner an Themenparks als Vorbild für die moderne Großstadt orientieren.

> In architectural terms, this process of the consumption of signs is to be found in the increasing spectacularization of architectural function into pure form, whereby history, meanings and politics alike are reduced to the thin surface of ‚popularist' postmodern imagery, creating an urban realm more akin to the theme park than to a lived city. (Borden 2006: 239)

Städte werden entlang ihrer Sehenswürdigkeiten konzipiert, die immer stärker wie die Attraktionen in Themenparks organisiert und in Zeit-/Aufmerksamkeits-Einheiten strukturiert werden. Und wie im Themenpark werden neue Attraktionen gebaut und inszeniert, wie beispielsweise der Millennium Dome in London, oder alte überarbeitet und aktualisiert. Um für Touristen und Unternehmen aus dem In- und Ausland von Interesse zu sein, müssen sich Städte zunehmend in einem Standortwettbewerb behaupten, der letztendlich ein Imagewettbewerb ist. Das Image der Stadt, ihre Qualitäten in Kultur, Architektur, Wirtschaft, Wohnqualität und Unterhaltung muss gut vermarktbar sein; die Stadt selbst wird somit zur Marke und unterliegt den gleichen Prinzipien des Marketings und der Inszenierung wie andere Marken auch (vgl. Borries 2004: 75-76). Den homogenisierenden Effekt der tourismus-fixierten Städteplanung beschrieb Relph bereits in den 1970er Jahren als die Zerstörung lokaler und regionaler Landschaften und ihre Ersetzung durch synthetische Landschaften und ‚Pseudo-Orte', welche von einer „other-directed architecture"[8] (Relph 1976: 93) bestimmt sind.

> [...] architecture which is deliberately directed towards outsiders, spectators, passers-by, and above all consumers. The total effect of such architecture is the creation of other-directed places which suggest almost nothing of the people living and working in them, but declare themselves unequivocally to be „Vacationland" or „Consumerland" through the use of exotic decoration, gaudy colors, grotesque adornments, and the indiscriminate borrowing of styles and names from the most popular places of the world [...]. (Ebd.)

In den internationalen Themenparks andererseits werden einst einzigartige, mit dem Ort und seinen Bewohnern verbundene städtische Wahrzeichen nachgebaut oder gar ganze Stadtviertel simuliert. Ob der Eiffelturm nun in Paris, Las Vegas oder Shenzhen steht, überall ist er ein konsumierbares Symbol für Touristen.

1.4.2 Kolonisation der Medien und der Politik

Die starke Ausbreitung von Werbung in der Alltagskultur wird durch den Umstand forciert, dass Werbung jedes neu entstandene Medium nutzt und transformiert, was Meschnig (2002: 31) als „imperialistische Tendenz" von Werbung bezeichnet. Zeitungen und Zeitschriften, das Radio, das Fernsehen und das Internet – all diese Medien entstanden in relativer Unabhängigkeit von Werbung und gerieten im Laufe der Zeit immer stärker in ökonomische Abhängigkeit. „Mit jedem neuen Medium, ob Handy oder PDA, entstehen zugleich neue, aggressive Werbemöglichkeiten [...]", so Baltes (2004: 177).

Medien gelten zurzeit primär als Wirtschaftsfaktor und nur noch beschränkt als Kulturgut. Was dies für kritischen Journalismus bedeutet, bringt Barber hinsichtlich des Fernsehens in etwas polemischer Formulierung auf den Punkt:

> Der kritische Journalismus, einst die ‚vierte Gewalt' gegenüber den herkömmlichen drei Gewalten des politischen Bereichs, ist heruntergekommen zu einem Agenten des Warenkapitalismus, der Infotainment verkauft, um die Werbeeinnahmen zu erhöhen, zur Befriedigung der Aktionäre des Senders. (Barber 2007: 184)

---

8 Den Begriff ‚other-directed architecture' entnimmt Relph dem gleichnamigen Essay von J.B. Jackson, das in *Landscapes: Selected Writings of J.B. Jackson* (1970) erschien.

Hallenberger und Nieland (2005) sprechen in Bezug auf den Mediensektor von einem massiven „economic turn" (ebd.: 13), der seit der Aufgabe des öffentlich-rechtlichen Rundfunkmonopols auch das bundesdeutsche Mediensystem betrifft. Obzwar durch das Gebührensystem eine gewisse Unabhängigkeit der öffentlich-rechtlichen Sendeanstalten gewahrt bleibt, bewegen sich diese mittlerweile ebenfalls verstärkt im ökonomischen Kontext. Hohe Zuschauerzahlen diktieren auch hier weitgehend das Programm, das sich zu großen Teilen aus Kauf- und Auftragsproduktionen zusammensetzt, und Werbung sowie Sponsoring finden im zugelassenen und über die Jahre erweiterten Rahmen ebenfalls statt (vgl. Hallenberger/Nieland 2005: 13-14). Eine ganze Kette von ‚Schleichwerbe-Skandalen', die verschiedene Sendungen von ARD und ZDF betrafen, führten kürzlich die Durchdringung der öffentlich-rechtlichen Sender mit Werbung noch einmal verstärkt vor Augen – und ebenso die scheinbar vorherrschende Sichtweise im Sendermanagement. Anstelle einer Einsicht in ihr Fehlverhalten verwiesen die entlassenen Verantwortlichen nämlich auf die private Medienwirtschaft und deren zunehmende systematische Verquickung von Werbung und Inhalt. Die Programmtitel *Die McDonalds Charts Show* auf ProSieben sowie *Nutella – die Geburtstagsshow* und *Die kultige Handyshow – O2 can do* auf RTL II sprechen für sich. Diese nach den Landesrundfunkgesetzen auch für das Privatfernsehen nicht zulässige Art von Werbefernsehen zog außer einer Rüge der zuständigen Landesmedienanstalt im Fall von RTL II jedoch keine weiteren Sanktionen nach sich (vgl. Hamann 2005). Zu verzeichnen ist ebenfalls eine Zunahme von ‚Video News Releases', von Unternehmen bei PR-Firmen in Auftrag gegebene Fernsehbeiträge im Stil von Nachrichtenreportagen, die kostenlos an TV-Sender abgegeben werden (vgl. Goessmann 2006).[9]

Während die Vermischung von Reklame und Inhalt in den Massenmedien zunimmt, befindet sich die hier dringend gefragte traditionelle Medienkritik gleichzeitig auf dem Rückzug. Hickethier betont, dass gegenwärtig eine grundsätzliche Verschiebung im kritischen Medien-

---

9   Die Mitarbeiter des amerikanischen Center of Media and Democracy dokumentierten in einer zehnmonatigen Studie von Juni 2005 bis März 2006 die Verwendung von 36 ausgewählten Video News Releases, die von drei verschiedenen PR-Firmen für Klienten wie General Motors, Intel und Pfizer produziert worden waren. Das Ergebnis: 77 nordamerikanische TV-Stationen, die zusammengenommen mehr als die Hälfte der amerikanischen Bevölkerung erreichen, strahlten mindestens einen der Imagefilme als Teil ihrer Nachrichten aus. In allen Fällen bis auf einen wurde dabei nicht auf die Herkunft des Beitrags hingewiesen, sondern dieser stattdessen durch eingefügte Sender-Grafiken oder die Neuaufnahme des Audiokommentars durch einen hauseigenen Reporter als Eigenproduktion getarnt (vgl. Farsetta/Price 2006).

diskurs stattfindet: Öffentlichkeits-Abteilungen der zu kritisierenden Unternehmen, Interessenverbände und Werbeagenturen treten mittlerweile als Diskursteilnehmer auf, kolonisieren den Diskurs mit eigenen Anliegen und eigener Semantik und bestimmen ihn immer mehr (vgl. Hickethier 2005: 59). Gleichzeitig werden medienjournalistische Zeitungsseiten, Fernsehformate und Fachmagazine wegen ihrer relativ schlechten Vermarktbarkeit zunehmend Opfer von Budgetkürzungen (vgl. Beuthner/Weichert 2005: 44-45).

Außerdem werden diese tradierten Orte der Medienkritik, also die Medien beziehungsweise die Medienredaktionen, zusätzlich durch die zunehmenden Verflechtungen und Monopolbildungen im Mediensektor immer weiter unterminiert (vgl. Hickethier 2005: 59). Deutlich macht dies der Fakt, dass die Massenmedien in den USA – das Gros der Fernseh- und Radiosender sowie die dazugehörigen Onlinenachrichtenportale, Filmstudios, Tageszeitungen, Magazine und Buchverlage – von nur einer Handvoll Konzerne dominiert werden. Bagdikian listet in *The New Media Monopoly* (2004) die Medienkonglomerate auf, die er als „The Big Five" identifiziert: Time Warner, The Walt Disney Company, News Corporation, Viacom[10] und Bertelsmann (vgl. Bagdikian 2004: 5). In Deutschland konzentrieren gegenwärtig zwei Medienkonzerne die wichtigsten Beteiligungen an privaten Fernsehunternehmen auf sich: Die RTL Group/Bertelsmann mit den TV-Sendern RTL, RTL II, Super RTL, Vox und n-tv sowie die ProSiebenSAT.1 Media AG mit Sat.1, ProSieben, kabel eins, N24 und 9Live. In Italien befindet sich nahezu der gesamte Privatsektor des Fernsehens in der Hand des Finanzholdingunternehmens Fininvest der Familie Berlusconi. Eine derart hohe Medienkonzentration schafft im Fall von medienkritischen Formaten den Verdacht der Parteilichkeit und bietet des Weiteren die Basis für verstärktes Cross-Marketing, kreuz und quer durch die unternehmenseigenen Medien. Bourdieu zufolge

> führt der enorme Konzentrationsprozess, dem die Medienkonzerne unterliegen, zu einer vertikalen Integration in dem Sinne, dass die Produktion von Kulturgütern den Prämissen ihrer Verbreitung zu folgen hat, was zu einer wahrhaften Zensur des Geldes führt. (Bourdieu 2001: 85)

---

10 Viacom wurde mittlerweile in die Unternehmen Viacom und CBS Corporation gespalten, die Aktienmehrheit beider Medienkonzerne liegt jedoch immer noch bei National Amusements, einem Medienunternehmen, das sich im Privatbesitz von Sumner Redstone und seiner Tochter Shari Redstone befindet (vgl. Epstein 2005).

Hickethier betont in Hinsicht auf das Fernsehen außerdem die dominante Verschiebung des Fokus der Medienkritik weg von Inhalt und Kommunikationspotenzial der Medien und hin zu einer Kritik des ökonomischen Feldes des Fernsehens, was in einer einseitigen Berichterstattung aus Sicht des Shareholders ohne Berücksichtigung des gesamtgesellschaftlichen Aspekts des Massenmediums Fernsehen münden würde. Aus dieser ökonomischen Perspektive stehe nicht das Programm, sondern das Medienunternehmen und sein wirtschaftlicher Erfolg im Mittelpunkt der Kritik. Ökonomisches Denken dominiere zusehends den Kritikprozess und als Ergebnis ihrer Ökonomisierung verliere die Medienkritik ihre Reflexions- und Kontrollfunktion der gesellschaftlichen Kommunikation (vgl. Hickethier 2005: 67-68, 82).

Auch das vor allem medial vermittelte Feld der Politik bleibt nicht von dieser Entwicklung verschont. Dörner weist darauf hin, dass sich Wahl- und Parteienwerbung immer stärker der Produkt- und Markenwerbung annähere (vgl. Dörner 2001: 113). In einer Zeit, in der Politik mit Unterhaltungs- und Konsumangeboten um die knappe Ressource Aufmerksamkeit konkurrieren muss, bedienen sich die politischen Akteure immer stärker der Mittel des Aufmerksamkeitsmanagements, das von Werbung und Medien angewandt wird (vgl. Nolte 2005: 128). Das AIDA-Schema ‚Attention – Interest – Desire – Action' gilt insofern auch für den Politiker, der als eine Art menschliche Komplexitätsreduktion seiner Partei und Politik wie eine Marke um die Aufmerksamkeit der Wähler werben soll (vgl. ebd.: 144). Moorstedt (2008) ordnet in diesem Sinn Barack Obamas in der US-Präsidentschaftskampagne 2008 viel zitiertes Wahlkampfmotto ‚Yes we can' als Slogan in eine Reihe mit Nikes ‚Just do it' und McDonalds ‚I'm loving it' ein.

> Barack Obama führt eine „gebrandete" Kampagne, sein kreisrundes Logo ist auf Tassen, T-Shirts und Aufklebern zu sehen, ein O, das der Sonne gleicht, die über den amerikanischen Ebenen aufgeht. Der American Dream in neuer Verpackung. (Moorstedt 2008: 53)

Auch Barber weist auf die konsumistische Kolonisation von Politik hin:

> Wie wirkmächtig die neuen Verbraucheridentitäten geworden sind, zeigt sich bei […] Präsidentschaftswahlen. Politiker wie der Brite Blair, der Franzose Sarkozy, der Russe Putin und der Iraker Tschalabai werden ebenso stark durch ihren Stil und ihre Marke definiert wie durch ihre Politik. (Barber 2007: 177)

Dass sich diese Tendenz bereits vor Jahrzehnten abzeichnete, beweist folgende Beobachtung, die Jürgen Habermas Anfang der 1960er machte:

Werbung ist die andere Funktion, die eine von den Massenmedien be-
herrschte Öffentlichkeit übernommen hat. Die Parteien und ihre Hilfsor-
ganisationen sehen sich deshalb genötigt, die Wahlentscheidungen publi-
zistisch in Analogie zum Reklamedruck auf Kaufentscheidungen zu be-
einflussen – es entsteht das Gewerbe des politischen Marketing. Die Par-
tei-Agitatoren und Propagandisten alten Stils weichen parteipolitisch neu-
tralen Werbefachleuten, die angestellt sind, um Politik unpolitisch zu verkaufen. (Habermas 1962: 236)

Das Aufkommen des Politik-Marketings sieht Habermas parallel zur
Entwicklung der wissenschaftlichen Felder der Markt- und Meinungs-
forschung nach dem Zweiten Weltkrieg. Während die politische Öffentlichkeit schwindet, wird der politische Bereich „sozialpsychologisch dem
Konsumbereich integriert" (ebd. 237). Die Folgen: Im Rahmen dieser
neuen politischen Öffentlichkeit fungieren die Massenmedien nur als
Werbeträger, die Parteiversammlungen werden zu Werbeveranstaltun-
gen degradiert, bei denen die Anwesenden als Statisten mitwirken dür-
fen (vgl. ebd.: 236-237).

Dieses neue Paradigma der Politikwerbung bleibt nicht auf innerstaat-
liche Parteienpolitik beschränkt, auch Staaten behandeln ihr öffentliches
Image mittlerweile immer mehr wie Marken, wodurch sie laut Barber
„ihren eigenen Charakter entstellen und trivialisieren und zum Kon-
sumgut [...] machen" (Barber 2007: 203-204). Die ‚Marke Amerika' geht
längst über eine Metapher hinaus, zieht man in Betracht, wie sich unter
der Bezeichnung ‚Public Diplomacy' internationale Politik immer stärker mit PR- und Marketingstrategien vermischt:

Es soll eine globale Marketingstrategie für die Marke USA formuliert
werden. Das Amt für *Public Diplomacy* und öffentliche Angelegenheiten
gilt eindeutig als ein Marketingzentrum, und seine Mitarbeiter sind Mar-
keting- und Werbeexperten. (Ebd.: 205; Hervorhebung im Original)

Durch den verstärkten Einsatz digitaler Medien und die fortschreitende
Digitalisierung politischer Prozesse kommt es zwar einerseits zu einer
verstärkten Liberalisierung, Offenheit und Transparenz, doch „mit der
Software und den Glasfaserkabeln der New Economy dringt auch die
Sprache des Marktes in den politischen Sektor vor" (Moorstedt 2008: 34).
Die – vor allem nach Barack Obamas äußerst erfolgreicher Nutzung des
Internets für seinen Wahlkampf – gegenwärtig sehr gefragten Webcon-
sulting-Firmen, welche Online-Konzepte für Parteien und Politiker ent-
wickeln, tragen sowohl im semantischen als auch praktischen Sinn ebenfalls zu einer Vermarktung des politischen Geschehens bei. Begriffe wie
‚Voter', ‚User', Citizen' und ‚Consumer' werden in diesem Zusammenhang von den Wahlkampfstrategen bereits synonym gebraucht und die

politischen Interessen des einzelnen Wählers, so Moorstedt, „werden durch Web-Monitoring und integrierte Datenbanken zu einem verfügbaren und vermarktbaren Gut" (ebd.).

1.4.3 Kolonisation des Selbst

1.4.3.1 Marken-Kindheit und -Jugend

In den 1990er Jahren wuchs in Marketingabteilungen die Erkenntnis, dass Kinder und Jugendliche eine lange verkannte und vernachlässigte Konsumentengruppe darstellen. Das wirtschaftliche Potenzial von Kindern erschöpft sich nicht nur in ihrem direkten Konsum, dem „primary market", sondern umfasst außerdem die von ihnen direkt oder indirekt beeinflussten Käufe der Eltern, den „influence market". Hinzu kommt noch die Aussicht auf zukünftige Käufe, die der in jungen Jahren ans Unternehmen gebundene Kunde in seinem späteren Leben tätigt, also der „future market" (vgl. Bollier 2005). Der Werbekritiker Gray Ruskin, Leiter des US-amerikanischen Vebraucherschutzvereins Commercial Alert, kommentiert diese Entwicklung wie folgt:

> Not long ago we considered children vulnerable beings to be nurtured. […] today, we increasingly see kids through an economic lens. In our business culture, children are viewed as an economic resource to be exploited, just like bauxite or timber." (Zit. in Bollier 2005)

Die Verfasser einer an der Universität Hamburg durchgeführten Studie im Auftrag der Hessischen Landesanstalt für privaten Rundfunk, in deren Rahmen die multimediale Verwertung von Markenzeichen für Kinder untersucht wurde, bekräftigen, dass Kindheit heute „eine mediatisierte und kommerzialisierte Kindheit" (Hasebrink et al 2004: 284) sei. Die globalen Vermarktungsstrategien transnationaler Konzerne, die Allgegenwärtigkeit der erfolgreichsten Marken sowie „die enge Verbindung zwischen Medien- und Markenorientierung, zwischen medien- und konsumbezogenem Erziehungsverhalten" (ebd.), so die Autoren, seien gegenwärtig gesellschaftlich bereits dermaßen akzeptiert, dass man sie als Bestandteile der Kultur werten kann. Die symbolischen Umwelten der Kinder sind von den multimedialen Vermarktungsstrategien vieler Anbieter zunehmend durchwirkt, was bedeutet, dass ein Produkt auf verschiedenen Wegen beziehungsweise Kanälen an die Kinder herangetragen wird (vgl. ebd.). Der Werbedruck auf Kinder, so ein weiterer Befund der Studie, werde von einigen Kindern und ebenso Eltern auch subjektiv als Druck und Belastung wahrgenommen (vgl. ebd.: 287). Interessant erscheint in diesem Zusammenhang auch der Hinweis der Studienautoren, dass die meisten vorliegenden Studien zum Thema ‚Kinder, Markt und Medien' nicht medienpädagogisch, sondern marktorientiert angelegt seien (vgl. ebd.: 281).

Jugendliche in Industriestaaten, die über noch mehr Geld und Entscheidungsfreiheit in Sachen Konsum verfügen als jüngere Kinder, wurden in den 1990er Jahren ebenfalls zum Ziel verstärkter Marketingforschung und -bemühungen vieler Unternehmen. So ist beispielsweise in Filmen, die auf das Teenagerpublikum abzielen, Product Placement mittlerweile ebenso geläufig wie in Filmen für Erwachsene. Marken sind in vielen Teenagerfilmen nicht nur sichtbar, sondern werden oft auch zum Teil der Dialoge: „Das Wissen um Marken ist eine wichtige Form der Konversation in Teenagerfilmen, es prägt ihre Bedeutung und ihren Witz." (Quart 2003: 125) Selbst in die virtuellen Welten von Videospielen hat die Werbung mittlerweile Einzug gehalten. Zippo-Feuerzeuge, Bananen mit Dole-Aufklebern, Filialen von McDonalds und Kentucky Fried Chicken und Handys von Nokia begegnen dem Videospieler auf dem Bildschirm. In den Spielen der erfolgreichen *Tony Hawks Pro Skater*-Reihe kann man seine Spielfigur sogar mit Kleidung, Schuhen und Skateboards unterschiedlicher Markenfirmen ausstatten (vgl. ebd.: 133-134). Die Spielhersteller begründen diese virtuelle Reproduktion von Logos – ganz abgesehen von den Millionenbeträgen, die mittlerweile für Product Placement in Bestsellerspielen gezahlt werden – mit einem gesteigerten Realismus, der so erzielt werde. Der Vertreter einer Videospielefirma erläutert: „Wenn man den Teenagern über eins unserer Spiele aus dem Extremsportbereich Marken präsentiert, dann sind diese authentisch und tragen zu einer realistischeren Vorstellungswelt bei." (Zit. in ebd.: 147) Demzufolge wäre eine stark konsumorientierte Markenwelt die Realität besagter Jugendlicher, was gar nicht so falsch erscheint, wenn man betrachtet, wie deutlich das Markenbewusstsein unter Kindern und Jugendlichen in Industriestaaten ausgeprägt ist: Ein zehnjähriger Amerikaner kennt durchschnittlich 300 bis 400 Markennamen und 92 Prozent der amerikanischen Kinder verlangen beim Einkauf bestimmte Markenprodukte (vgl. ebd.: 78).

Angesichts der wachsenden Relevanz des Jugendmarktes in den 1990er Jahren war es nur eine Frage der Zeit, bis die Aufmerksamkeit der Marketingabteilungen auf eine der letzten Tabuzonen für die Zurschaustellung von Firmenlogos und Werbebotschaften fiel: die öffentliche Schule. In den USA sind Werbetafeln auf Schultoiletten und Werbebanner auf Schulbussen, von Unternehmen bereitgestellte Preise für die Klassenbesten, exklusive Ausschankverträge mit Softdrinkherstellern wie Coca-Cola und Pepsi sowie Sets mit Unterrichtsmaterial von Konzernen wie Procter & Gamble, Kellog's oder Exxon Oil vielerorts bereits seit den 1990er Jahren Bestandteil des Schulalltags. In vielen amerikanischen Schulkantinen findet man nicht nur Werbung, sondern auch Verkaufsstände von Fast Food-Ketten wie McDonalds, Burger King, Taco Bell und Pizza Hut vor. Andere Kantinen haben Lieferverträge mit der Sandwich-Kette Subways abgeschlossen (vgl. Klein 2001: 107, Kingsnorth 2005: 167, Schlosser 2003: 76-86). Das amerikanische Unternehmen Alloy Education, das sich mit dem Slogan ‚We know how to talk to teens' anpreist, bringt im Rahmen seiner speziell für Schulklassen produzierten Nachrichtensendungen sogar Fernsehwerbung ins Klassenzimmer. Im Gegenzug für die Spende moderner TV- und Aufnahmegeräte und den Zugriff auf ein Videoarchiv verpflichten sich Schulen ihren Schülern täglich die zwölfminütigen *Channel One News* inklusive eines zweiminütigen Werbeblocks zu zeigen. Laut Homepage des Betreibers erreicht die tägliche Sendung mehr als sechs Millionen Schüler in über 8000 nordamerikanischen Schulen (vgl. Alloy Education 16.7.2009).

Seit 1997 das Bundesland Berlin das Werbeverbot an Schulen aufgehoben hat und Sachsen-Anhalt und Bremen folgten, gibt es auch an einigen deutschen Schulen Werbetafeln in Schulgebäuden, Reklame auf den Brettern hinter Basketballkörben und Gratisschulhefte, die mit Werbung der sponsernden Firma versehen sind (vgl. Strassmann 2000). Lanciert wird diese Entwicklung auch hierzulande von speziellen Marketingunternehmen, die sich auf Schul-, Berufsschul- und auch Kindergartenwerbung spezialisieren. Die Bottroper Firma Spread Blue Educationmarketing stellt sich auf ihrer Homepage wie folgt vor:

> Wenn Sie Kinder und Jugendliche im Alter von 3 bis 27 Jahren mit Ihrer Werbebotschaft ansprechen wollen, sind Sie bei uns richtig. Unsere Spezialisten im Educationmarketing haben rund 15 Jahre Erfahrung in diesem Bereich. Mit unseren Medien können Sie zielgerechte und effiziente Werbemaßnahmen in Kindergärten, Grundschulen, Oberschulen, Berufsschulen und Hochschulen umsetzen. (Spread Blue Educationmarketing 26.7.2009)

An derartiger Werbung interessierte Firmen finden dort außerdem den Hinweis, dass die junge Zielgruppe „über mehrere Milliarden Kaufkraft und Mitsprache bei Kaufentscheidungen der Eltern" verfüge. „Oft sind die frei verfügbaren Mittel größer als bei den Eltern. So haben Kinder und Jugendliche (6 bis 19 Jahre) jährlich eine Summe von rund 20 Milliarden Euro zur Verfügung." (Ebd.)

Durch die Zunahme des Markenbewusstseins unter Schülern und die daraus resultierenden Probleme wie Mobbing und Ausgrenzung wegen ‚falscher' oder fehlender Markenkleidung wurde in Deutschland in den letzten Jahren wieder verstärkt über die Einführung von Schuluniformen diskutiert. Durch das Tragen solcher würden sich viele Schüler aber nach eigener Aussage in ihrer persönlichen Freiheit eingeschränkt fühlen (vgl. Meschnig 2002: 60).

Auch Jugendliche in Schwellenländern gewinnen zunehmend an Relevanz für die Marketingabteilungen globaler Unternehmen. Ähnlich wie in den Industriestaaten verbrauchen Teenager dort immer öfter einen überproportionalen Anteil des Familieneinkommens. In China ist es beispielsweise kultureller Usus, dass von den Familien große finanzielle Opfer für die Jugend, vor allem die Söhne, gebracht werden. Und während die Älteren eher dazu neigen, ihren Konsum weiterhin an nationalen Sitten und Gebräuchen auszurichten, absorbieren Jugendliche eine neue Kultur und deren Güter relativ leicht. Die Strategie von globalen Werbekampagnen transnationaler Unternehmen ist daher darauf ausgerichtet, eine Demografiegruppe der „globalen Teenager" (Klein 2001: 135) zu konstruieren und propagieren, die weltweit dieselben Werte und Wünsche teilt und somit von einem homogenen Markt bedient werden kann. Die populärste mediale Plattform für diesen Zweck bietet das im Besitz des Medienkonzerns Viacom befindliche Fernsehunternehmen MTV Networks, dessen speziell an Jugendliche gerichteten Programme weltweit über acht Sender in 83 Ländern und Staatsgebieten empfangen werden (vgl. Klein 2001: 134-136). Rifkin beschreibt das Funktionsprinzip von MTV wie folgt:

> MTV verwischt sämtliche Grenzen, nivelliert all die vielfältigen Abstufungen der menschlichen Erfahrung zu einer einzigen, flach spielenden Oberfläche, auf der alle Phänomene als reine Bilder existieren, die mit Blitzgeschwindigkeit aufeinander folgen, ohne erkennbaren Kontext oder erkennbare Kohärenz. Das gesamte Arsenal menschlicher Kultur wird nach Bildern durchwühlt, die dann durcheinander geworfen werden, um einen Dauerbeschuss evokativer, ‚heißer‘ visueller Stimuli zu schaffen, die entwickelt wurden, um den Blick des Betrachters zu desorientieren und zu fixieren. Kategorien sind dazu da, neu gemischt zu werden, Grenzen dazu, zerstört zu werden. Die Getrenntheit der Dinge in Zeit und Raum – das was sie einzigartig macht – wird aufgehoben. (Rifkin 2000: 264-265)

Kulturelle Fragmente und Marketingmechanismen werden zu einer postmodernen Jugend- und Markenwelt zusammengesetzt, deren grundlegendes Bindeglied der Konsum homogener Produkte und Inhalte ist. Die identitätsstiftende Funktion, welche Konsummarken dabei zukommt, wird im Folgenden genauer erläutert.

1.4.3.2 Marken als Identitätsstifter

Durch die verstärkte Konzentration auf Markenidentitäten, das Aufladen eines Markenzeichens mit Eigenschaften und Emotionen, übernehmen Marken immer mehr eine rein symbolische Funktion und beanspruchen damit kulturelle Werte, die einst Religionen und politischen Parteien vorbehalten waren. Die großen Markennamen oder Brands haben bereits den Rang kultureller Artefakte eingenommen und besitzen einen gesellschaftlichen Stellenwert, der früher einzelnen – wohlgemerkt: menschlichen – Weltberühmtheiten vorbehalten war (vgl. Meschnig 2002: 58). Bezeichnend dafür ist, dass der Markenname Coca-Cola international als das zweit bekannteste Wort gleich hinter dem Ausdruck ‚o.k.' gilt (vgl. Werner/Weiss 2003: 290).

Statt Gebrauchswert und Qualität der Produkte steht die Symbolkraft des verwendeten Markenzeichens im Vordergrund. Die Marken bieten Identifikation mit positiven Werten und die Möglichkeit zur Abgrenzung gegen andere Gruppen, zu denen man nicht gehören möchte. Markenkonsum wird zum Ausdruck von Lebensgefühl. Die Logos erhalten dabei eine Fetischfunktion. Sie werden nicht nur auf Produkten und Kleidungsstücken zur Schau getragen, sondern sind, wie im Fall des Nike-Logos, des so genannten ‚Swoosh', oder des angebissenen Apfels des Computerherstellers Apple, auch als Tätowierungen beliebt. So verbinden sich Körper und Marke komplett. Meschnig sieht in diesem Aspekt des Markenkonsums ein Wiederaufleben des Animismus indigener Völker: Das Logo kommt einem Totem gleich, das eine übernatürliche Schutzfunktion ausübt und die Zugehörigkeit zu einem bestimmten Clan ausdrückt (vgl. Meschnig 2002: 62).

Vor allem Jugendlichen dienen derart aufgeladene Marken zunehmend als eine der Hauptquellen für Identitätsstiftung. Neben traditionellen Sozialisationsinstanzen wie Familien und Schulen und der zunehmenden Bedeutung von Medienangeboten spielen Marken und die mit ihnen verbundenen Werte für junge Menschen eine zunehmend dominante Rolle. Die Erfahrungen Jugendlicher sind laut Kellner heutzutage geprägt von

> Unternehmensschrumpfungen, schwindenden Berufsaussichten, ökonomischer Rezession, einem riesigen Informations- und Medienangebot, den Bedingungen einer durchcomputerisierten Gesellschaft im High-Tech-Zeitalter, Verbrechen, Gewalt, Identitätskrisen und einer unberechenbaren Zukunft. (Kellner 2005a: 181)

Dies erfordert flexible Lebensentwürfe für eine sich rasant ändernde Lebenswelt und die Besonderheit der durch Markenkonsum geprägten

Identitäten ist, dass man sie wechseln kann, wie man im wahrsten Sinne des Wortes ein altes Hemd ab- und ein neues anlegt. Barber bezeichnet das Phänomen der Identitätskonstruktion durch Konsum als „Identitätsshopping" (Barber 2008). Zieht man nun den Schluss, dass „Individualität und das Erlebnis der eigenen Identität [...] zum Konsumprodukt [werden]" (Borries 2004: 43), wird auch gleich der offensichtlichste negative Aspekt des Identitätsshoppings deutlich: Konsumieren und damit seine Identität variieren, kann nur, wer über die entsprechenden Mittel verfügt.

> Wenn jemand, wie heute manche Jugendliche, aus finanziellen Gründen aus dem Prozess des ständigen Wechsels herausfällt, bleibt er mit seinen Dingen sitzen und manchmal allein zurück. Die Stulpenhosen, die man eben gekauft hat, werden zu auffälligen Zeichen, wenn Stulpen nicht mehr angesagt sind. Und wem das Mithalten auch gelingt, dessen Erwartungen an sich selber werden immer wieder verfehlt. Kein Mensch ist so makellos wie die Kunstfiguren in der Werbung, das zeigt der Spiegel in der Umkleidekabine. (Berger 2004: 18)

Außerdem sind der Individualisierung durch Konsum von vornherein Grenzen gesetzt, wie Borries bemerkt:

> Die Identitätsangebote bewegen sich innerhalb eines im Vorfeld klar abgesteckten Rahmens. Identität und Individualität meinen in diesem Zusammenhang nicht Authentizität und auch nicht Einzigartigkeit, sondern sind eine Form, wie innerhalb unserer Gesellschaft mit den zur Verfügung stehenden Codes sowohl Zugehörigkeit als auch Abgrenzung kommuniziert werden. (Borries 2004: 47)

Somit dient der individualisierte Konsum paradoxerweise lediglich dazu, sich als Angehöriger einer Gruppe zu kennzeichnen. Der Raum für Individualisierung ist hier von vornherein stark eingegrenzt: Die Freiheit des Konsumenten besteht hauptsächlich darin, die vorgefertigten Identitätsfragmente, die aus dem Pool von Identifikationsangeboten ausgewählt werden, auf eigene Weise zu kombinieren.

Noch kritischer betrachtet Prokop diesen Aspekt: Im Kontext von Werbung und Marketing bedeute Individualisierung lediglich, dass die Konsumenten auf zielgruppenspezifische Weise angesprochen werden (vgl. Prokop 2005: 112). Für ihn ist „die Idee, die Leute seien schon ‚individualisiert', wenn sie sich den von segmentspezifischen Waren vorgegebenen Stimmungen überlassen, nichts als ein Mythos" (ebd.: 113). Das Identitätsshopping ist somit lediglich ein Habitus, der Individualisierung vorgaukelt. Die vorgeblich individualisierten Angebote und deren Selektion schaffen demnach keine autonomen Subjekte, sondern konformistische Konsumenten, denen geringfügige Variationen von Konsum schon als Prozess der Individualisierung erscheinen (vgl. ebd.: 112). In diesem Zusammenhang erscheint es als sinnvoll, in Anschluss an Foucault (2007) und Fiske (2001c) zwischen individualisierter Identität und individuierter Identität zu unterscheiden. Erstere stammt ,von unten' her und ist das „Produkt der jeweiligen Geschichte einer Person, der familiären Bindungen und Kontinuitäten, der Beziehungen zu Freunden oder Gemeinschaften, der Vorlieben bei Freizeitaktivitäten" (Fiske 2001c: 228). Individuierung jedoch geht ,von oben' aus, und stellt sich dar als „ein Machtprozess, der ein Individuum von anderen Individuen zum Zweck der Dokumentation, Evaluation und Kontrolle absondert" (ebd.: 227, siehe auch Kapitel 2.2). Identitätsbildung durch Konsum, die sich auf den Rahmen der von der Wirtschaft vorgegebenen und daher begrenzten Auswahlmöglichkeiten beschränkt und durch das Kaufverhalten einer Person dokumentiert werden kann, muss in diesem Sinne eher als ein Prozess der Individuierung denn als einer der Individualisierung definiert werden.[11]

Bezeichnend hierfür ist die Technik der ,Customization', der Anpassung von Produkten an den individuellen Geschmack des Konsumenten, welche beispielsweise vom Sport- und Kleidungsartikelkonzern Nike auf der Unternehmenshomepage unter der Bezeichnung ,NIKEiD.' angeboten wird. Hier kann der Kunde nach den Mottos „Individualisiere Deinen Look" und „Individualisiere Deine Leistung" das Aussehen seiner zukünftigen Schuhe, T-Shirts und Taschen bestimmen, indem er aus einer Vielzahl von Materialien, Farben und Aufdrucken auswählen und das Produkt mit einem eigenen Textaufdruck versehen kann (vgl. http://nikeid.nike.com 18.7.2009). Ein ähnliches Angebot macht Nikes Hauptkonkurrent Adidas unter dem Namen ,mi adidas' und mit dem Versprechen der „total shoe customization" (vgl. http://www.miadidas. com 18.7.2009). Dazu bemerkt Jenß:

> Von der Idee der Individualität im Sinne der Selbstbestimmung des Individuums entkoppelt, entwirft das Prinzip der *Mass Customization* Individualität als industriell produzierbare Ware oder Wareneigenschaft und macht sie damit zum Standard." (Jenß 2005: 32; Hervorhebung im Original)

---

11 Prokop (2005) nutzt ebenfalls den Begriff ,Individuierung', jedoch in genau gegensätzlicher Bedeutung zu Foucaults und Fiskes Definition. Für ihn ist gerade das autonome, unabhängige Subjekt individuiert. Individuierung definiert er als „die Entfaltung der Persönlichkeit, der Fähigkeit zu differenziertem Denken und Handeln" (Prokop 2005: 113).

Identität wird durch Angebote wie diese letztendlich zum bloßen Konsumprodukt auf dem Verbrauchermarkt degradiert:

> Wenn die Identität sich aus dem Bereich öffentlicher, auf Religion und Nationalität basierender Kategorien entfernt und ins Umfeld kommerzieller Kategorien gerät, die mit Marken und Konsumgütern zu tun haben, wird die Identität als solche privatisiert (aber nicht unbedingt individualisiert!).
> (Barber 2007: 201)

Um die aktuellen Selbstbilder der Produktzielgruppen zu erfahren und diese für neue Produktpaletten einkalkulieren zu können, setzen die Unternehmen spezielle Marktforscher ein, im Fachjargon als ‚Cool Hunter' bezeichnet, die – vor allem junge – Szenemilieus nach den neuesten Entwicklungen, Vorlieben und Interessen durchforsten (vgl. Quart 2003: 64-68, Klein 2001: 89-90). Honneth sieht in derartigen Praktiken eine „Instrumentalisierung von Selbstverwirklichungsansprüchen" (Honneth 2002: 152). Das Tempo, mit dem die Mode- und Konsumindustrie jedes neue Selbstbild aufgreift und zum Inhalt der nächsten Werbestrategie macht, lasse mittlerweile sogar den Anschein aufkommen, dass eine Umkehrung des Abhängigkeitsverhältnisses stattgefunden habe. Dass es die Werbeabteilungen der Unternehmen seien, die ihre eigenen, nachahmenswerten Bilder des authentischen Lebens kreieren und verbreiten, an denen sich die Konsumenten dann nachträglich orientieren (vgl. ebd.).

Die Kommodifizierung der Identität geht jedoch noch einen Schritt weiter. Marketingexperten und PR-Berater preisen seit geraumer Zeit das ‚Selfbranding', das Management des eigenen Lebens als Markenartikel als einen Grundstein für den beruflichen und privaten Erfolg an. Der Aufbau von Identität und Persönlichkeit soll demnach wie der eines Markenimages ablaufen. Der Mensch wird in diesem Sinne selbst zur Marke und steht in Konkurrenz zu anderen Ich-Marken, gegen die er sich mittels Werbung und Selbstvermarktung durchsetzen muss (vgl. Meschnig 2002: 64-65). Workshops und Bücher mit Titeln wie *Die Marke ICH – So entwickeln sie ihre persönliche Erfolgsstrategie* (2002), *Ihr Ich als unverwechselbare Marke* (2006) oder *Persönlichkeitsmarketing* (2005) sind gegenwärtig weit verbreitet.

Vorbild für die menschliche Markenwerdung ist der Star oder ‚Celebritiy'[12], welcher primär eine personifizierte Marke ist:

---

12 Nolte grenzt die relativ neue Berühmtheitskategorie Celebrity vom ‚klassischen' Star insofern ab, dass der Celebrity nicht mehr mit einem spezifischen Hintergrundkapital wie Gesangstalent oder sportlicher Höchstleistung ausgestattet sein müsse (vgl. Nolte 2005: 113).

> Celebrities sind aus ökonomischer Sicht Werbeträger, die Aufmerksamkeit
> für Produkte und Dienstleistungen generieren sollen. Celebrities sind heu-
> te zu Wirtschaftsfaktoren geworden, die gezielt aufgebaut und kontrolliert
> werden. (Nolte 2005: 112)

Wie eine Marke so kann auch der Celebrity mit verschiedenen Bedeutungen angefüllt werden. Er übernimmt eine Sinn-, eine Identifikations-
und eine Projektionsfunktion, und vor allem dient der Celebrity der
Akkumulation von Aufmerksamkeit, welche wiederum von ihm auf
beliebige Inhalte umgeleitet werden kann. Wie auch die nichtpersonelle
Marke schafft der Celebrity einen finanziellen Mehrwert und wie das
materielle Produkt hinter der Marke ist auch die eigentliche reale Person
hinter dem Celebrity zweitrangig, ihre Funktion ist die eines Trägerkör-
pers für das Celebrity-Image (vgl. ebd.: 114-119). Celebritys stellen hyperreale Größen dar, die an reale Personen anknüpfen und sie in einem
semiotischen Prozess zu Zeichen transformieren, an denen sich Diskurs-
positionen festmachen lassen. Die realen Körper und Biografien sind
dabei Mittel der Visualisierung und Authentizitätsgenerierung, aber
entscheidend sind die Bedeutungen und Werte, die sich im Unterhal-
tungsdiskurs an diese Figuren anlagern (vgl. auch Dörner 2001: 126).
Debord betont vor allen Dingen die daraus erwachsene Identitäts- und
Eigenschaftslosigkeit des Individuums, das als Celebrity zum menschlichen Werbeträger wird:

> Der als Star in Szene gesetzte Agent des Spektakels ist das Gegenteil, der
> Feind des Individuums, an sich selbst ebenso offensichtlich wie bei den
> anderen. Indem er als Identifikationsmodell ins Spektakel übergeht, hat er
> auf jede autonome Eigenschaft verzichtet […] Wenn er auch nach außen
> hin die Darstellung verschiedener Persönlichkeitstypen ist, zeigt der Kon-
> sumstar jeden dieser Typen, als ob er gleichmäßig zu Gesamtheit des Kon-
> sums gelangen und dabei gleicherweise sein Glück finden könne. (Debord
> 1996a: 49)

Der Celebrity stellt als hyperreale Medienfigur die lebende Verkörpe-
rung des Markenprinzips und der Aufgabe der individualisierten Identität dar, wodurch sein Dasein als Individuum Debord zufolge noch un-
terhalb der „Realität des bescheidensten individuellen Lebens" (ebd.: 50)
einzuordnen sei.

2 Theoretische Grundlagen für einen semiotischen Widerstand

2.1 Guy Debord und Douglas Kellner: Von der Gesellschaft des Spektakels zum Triumph des Medienspektakels

Spektakel sind schon seit der Antike Teil des sozialen Lebens. Im alten Griechenland gab es die Olympischen Spiele, große Theaterspektakel und Rhetorikwettbewerbe, das römische Reich hatte seine Gladiatorenkämpfe, Wagenrennen, Orgien und prunkvollen Militärparaden, die das Imperium, die Cäsaren und ihre Armeen zelebrierten. Im Mittelalter zogen Ritterturniere und öffentliche Hinrichtungen die Massen an und im 16. Jahrhundert empfahl Machiavelli in *Der Fürst* (1532), dass der Adel Spektakel gezielt zu Regierungszwecken und der sozialen Kontrolle einsetzen solle. Populärkultur und Unterhaltung sind im Spektakel verwurzelt und Religion, Krieg und Sport bieten seit jeher eine Plattform für die Verbreitung von Spektakeln (vgl. Kellner 2005c: 188).

In den 1960er Jahren formulierte Guy Debord die Theorie der Gesellschaft des Spektakels, eine kritische Theorie der Konsumgesellschaft, deren organisatorischer Mittelpunkt die Produktion und der Konsum von Waren, Bildern und inszenierten Ereignissen ist. Debords erste und gleichzeitig grundlegende These lautet:

> Das ganze Leben der Gesellschaften, in welchen die modernen Produktionsbedingungen herrschen, erscheint als eine ungeheure Sammlung von *Spektakeln*. Alles, was unmittelbar erlebt wurde, ist in eine Vorstellung entwichen." (Debord 1996a: 13; Hervorhebung im Original)

Das Spektakel stellt sich für Debord oberflächlich als „eine ungeheure, unbestreitbare und unerreichbare Positivität dar" (ebd.: 17), entpuppt sich für seinen Kritiker jedoch als „Verkehrung" (ebd.: 13) oder „Negation des Lebens" (ebd.: 16), denn das Spektakel hat die Welt der Bilder vergegenständlicht und damit die Realität in eine Pseudowelt aus Bildern transformiert. Das Spektakel ist zur entscheidenden Konstante der Gesellschaft geworden, macht jeden Aspekt des gesellschaftlichen Lebens zum Schein und formt als Gegenseite zum Dialog den Menschen zu einem passiv hinnehmenden Subjekt. Dabei stellt das Spektakel den zweiten Schritt der Kolonisation des gesellschaftlichen Lebens durch die Wirtschaft dar: Der erste lag darin, dass menschliche ‚Sein' durch das ‚Haben' zu ersetzen. Im Spektakel tritt das ‚Scheinen' an seine Stelle, ohne welches das ‚Haben' keinen Wert besitzt (vgl. ebd.: 13-19). Somit operiert und funktioniert das Spektakel auf Zeichenebene: „Die Sprache des Spektakels besteht aus *Zeichen* der herrschenden Produktion, die zugleich der letzte Endzweck dieser Produktion sind." (Ebd.: 15; Hervorhebung im Original)

Crary (2002) weist darauf hin, dass Debord entgegen der gängigen Auffassungen weniger die Wirkung der Massenmedien und ihrer Bilderwelt betone, sondern vor allem die Manifestation einer Technologie der Entfremdung innerhalb des Spektakels. „Die Trennung ist das Alpha und Omega des Spektakels." (Debord 1996a: 23) Das primäre Ziel des Spektakels ist also nicht die Rezeption von Bildern, sondern die Isolation und Immobilisierung des Einzelnen in einer Welt, die eigentlich von Mobilität geprägt ist. Macht wird über Aufmerksamkeit ausgeübt, mit dem Spektakel als Grundarchitektur des oberflächlich zwanglosen Machtapparats. Fernsehen, Computer und andere visuelle Medien kann man dementsprechend als Mittel des Aufmerksamkeitsmanagements verstehen, welche trennen, isolieren und den Körper kontrollieren, während sie die Illusion von Auswahlmöglichkeiten und Interaktivität erzeugen (vgl. Crary 2002: 65-66). Das Spektakel schafft Zuschauer, die nicht aktiv in die Geschehnisse eingreifen wollen, da sie von einem inneren Spektakel der vorgeblich freien Wahl beherrscht werden (vgl. auch Marcus 1996: 98).

Das grundlegende Prinzip, das den Menschen im Spektakel dominiert, ist das des Warenfetischismus. Debord konstatiert, dass die „zugleich anwesende und abwesende Welt, die das Spektakel *zur Schau stellt* [...], die jedes Erlebnis beherrschende Warenwelt [ist]" (Debord 1996a: 32; Hervorhebung im Original). In der Ware wird die Strategie des Spektakels sichtbar, jeden Aspekt des menschlichen Erlebens umzuwandeln in besitzbare Dinge. „Das Spektakel ist der Moment, worin die Ware *zur völligen Besetzung* des gesellschaftlichen Lebens gelangt ist." (ebd.: 35; Hervorhebung im Original) Die Ware hat längst die Unabhängigkeit von der wirtschaftlichen Produktion erreicht und ist nun der dominierende Faktor der Wirtschaft. Dementsprechend folgt nach der Entfremdung von der Produktion, die Marx diagnostizierte, der entfremdete Konsum, welcher sich aus dem Überfluss der Ware speist und zur gesellschaftlichen Verpflichtung geworden ist. Der Konsum dient nicht mehr der Erfüllung der menschlichen Grundbedürfnisse, sondern Pseudobedürfnissen, die von der Wirtschaft ununterbrochen erzeugt werden (vgl. ebd.: 35, 40). Der Tauschwert, einst aus dem Gebrauchswert entstanden und diesem untergeordnet, dominiert und steuert diesen jetzt: „Der Tauschwert hat sich mit jedem möglichen Gebrauchswert identifiziert und diesen unter seine Botmäßigkeit gebracht." (Ebd. 38) Da der Gebrauch der Ware keine Befriedigung mehr verschafft, speist sich diese nun aus dem Wert der Ware an sich (vgl. ebd.: 54). Wie Barthes (1964) erkennt Debord die neue Transzendenz der Ware. Im Stile religiöser Ereignisse kann ein neues Produkt „Begeisterungswellen" (Debord 1996a: 54) und Momente „schwärmerischer Erregung" (ebd.) auslösen. Man denke hier beispielsweise an die Szenen, welche sich zum deutschen Verkaufsstart des Apple iPhone im Herbst 2007 anspielten. Bei Regen und Temperaturen um vier Grad Celsius harrten Hunderte von Menschen, die aus dem ganzen Land angereist waren, vor jener Telekomfiliale in Köln aus, in der das mit viel Aufwand angekündigte Multimedia-Handy bereits ab Mitternacht verkauft werden sollte. Ein anwesender Journalist berichtet:

> Plötzlich kreischen einige Mädchen auf, der Gottesdienst beginnt. Die Ladentür wird geöffnet, Blitzlichtgewitter setzt ein. Eine Fernseh-Reporterin moderiert schreiend in ihre Kamera, leiser wäre sie nicht mehr zu hören. Eine junge Frau bricht im Gewühl zusammen, Sanitäter helfen ihr wieder auf die Beine. In Gruppen werden die Apple-Jünger nach drinnen geleitet. [...] Wie auf einem Altar werden die iPhones auf weißen großen Tischen präsentiert. [...] „Fass es doch mal an!" – „Es fühlt sich so gut an!" Kalte Füße, nasse Klamotten – aber die Fans halten das gepriesene Spielzeug in den Händen. (Steinhäuser 2008)

Doch die mythische Kraft, die von derlei Prestigeprodukten ausgeht, wirkt nur vorübergehend. „Der Gegenstand, der im Spektakel ein Prestige hatte, wird vulgär, sobald er bei diesem Konsumenten und gleichzeitig allen anderen ins Haus tritt." (Debord 1996a: 56)[13]

Das Spektakel stellt sich für Debord als absolute Ideologie dar. Es enthält alle ideologischen Systemmerkmale und stellt diese dar: „ [...] die Verarmung, die Unterjochung und die Negation des wirklichen Lebens" (ebd.: 183). Es weitet das Prinzip des Geldes und die Bedürfnisbefriedigung durch Konsum auf alle Bereiche des gesellschaftlichen Lebens aus. Der Warenkonsum und die Anerkennung, die derjenige erhält, welcher sich zur Schau stellt, sind jedoch nur eine „Pseudoantwort auf eine Kommunikation ohne Antwort" (ebd.: 185). Das eigene Schicksal wird unter Einfluss des Spektakels passiv erlebt, der Mensch ist isoliert und entfremdet von seinen Mitmenschen (vgl. ebd.: 182-186).

Der amerikanische Philosoph Douglas Kellner hat Debords Theorie aufgegriffen und in die Postmoderne weitergeführt. Ist Debords Auffassung von Spektakel eher allgemein und abstrakt gehalten (vgl. Kellner

---

13 Den mitternächtlichen iPhone-Käufern scheint dies durchaus bewusst zu sein. Ein Kunde, der zum mitternächtlichen Verkaufsstart extra mit dem Flugzeug von Bayern nach Köln reiste, bemerkt: „Morgen ist das Handy schon alt, ich will das jetzt haben." (Zit. in Steinhäuser 2008). Ein anderer gibt zu: „Wenn ich das heute nicht kaufe, dann brauche ich das sowieso nicht mehr." (Zit. in ebd.)

2005c: 189), so bezieht sich Kellner spezifisch auf Medienspektakel, die seiner Meinung nach „jene Phänomene der Medienkultur sind, welche die heutigen Basiswerte der Gesellschaft verkörpern" (ebd.) – also jene Werte, nach denen Individuen in ihre Lebensweise eingeführt werden. Mediale Spektakel dienen der Wirtschaft dazu, Waren vermarkten und verkaufen zu können und bestimmen immer stärker die Medienkultur, das politische und das soziale Leben. „Sie schließen die Menschen in die Semiotik einer neuen Welt der Unterhaltung, der Information, des Konsums ein, die Denken und Handlungen stark beeinflusst." (Ebd.)

In Anlehnung an Horkheimer beschreibt Kellner die Spektakelkultur als ein Ergebnis der neuen Form des „Technokapitalismus" (ebd.: 205; siehe auch Kellner 2005b: 116-118), der charakterisiert wird von einer fortschreitenden Schwächung nationalstaatlicher Institutionen gegenüber einer sich ausweitenden Macht des Marktes und einer Stärkung transnationaler Konzerne – in Verbindung mit neuen technologischen Entwicklungen. Die Synthese von Technologie und Kapital schafft ein neues, postindustrielles Stadium des vernetzten globalen Kapitalismus (vgl. Kellner 2005b: 117-118). Kellner legt dabei Wert darauf, dass besagte neue Technologien über Informationstechnologien hinausgehen, da sie vor allem auch Formen der Unterhaltung einschließen, und diese beiden Aspekte, Information und Unterhaltung, hier eine Synthese eingehen. Theoretiker wie Bell legten in ihren Analysen der Informationsgesellschaft nach Kellners Ansicht zu viel Gewicht auf die Rolle von Information und Wissen und berücksichtigten die Bedeutung von Unterhaltung und Spektakel nicht ausreichend. Statt von der ‚Informationsgesellschaft' spricht Kellner daher von der „Informations-Unterhaltungs-Gesellschaft" (Kellner 2005c: 204) oder „Infotainment-Gesellschaft" (ebd.: 205).

In diesem Zusammenhang muss man die zahlreichen Fusionen und Joint Ventures von Konzernen aus den Unterhaltungs-, Informations- und Telekommunikationssektoren, sowie Kabelnetz- und Nachrichtensatellitenbetreibern betrachten. So befinden sich beispielsweise im Portfolio des weltgrößten Medienkonzerns News Corp neben zahlreichen Tageszeitungen, die ursprünglich die Unternehmensbasis bildeten, auch zahlreiche TV-Kabelprogramme weltweit, Buchverlage, das Filmstudio 20th Century Fox mit all seinen Unterabteilungen, Internetportale und -gemeinschaften wie myspace.com, terrestrische Rundfunksender in verschiedenen Ländern und mehrere Satelliten-TV-Anbieter. Das Ergebnis sind Mischkonglomerate, welche ein „konfliktreiches und unabsehbares Zusammenkommen von Medien- und Computer-Kultur und von Information und Unterhaltung in einer neuen vernetzten und multimedialen Infotainment-Gesellschaft" (Kellner 2005c: 208) nahe legen. Die

Unterscheidung zwischen Information und Unterhaltung wird durch diese Synergien zwischen Informationstechnologien und Multimedia zusehends unterminiert. Aus dieser Warte ist zum Beispiel die viel beklagte ‚Boulevardisierung des Journalismus' nur eine logische Entwicklung, ein Symptom des globalen Unternehmenskapitalismus.

Im Mittelpunkt dieser boulevardisierten Infotainment-Kultur steht das mediale Spektakel, sei es in Form von Kriegen, Terroranschlägen, Naturkatastrophen, Sex- und Politskandalen, Sportveranstaltungen, der Einführung neuer Produkte, Konzerten oder Filmpremieren. Auch Wahlkämpfe werden mittlerweile als politische Spektakel inszeniert. In Deutschland spricht man in diesem Zusammenhang seit dem Bundestagswahlkampf 1998 von einer verstärkten ‚Amerikanisierung' des Wahlkampfs. Ebenso hat die Logik des Spektakels Einzug in die Architektur gehalten: Neue Kunstmuseen überschatten in ihrer spektakulären Konstruktion mittlerweile die in ihnen ausgestellten Kunstkollektionen und neue architektonische Großprojekte sind mit Zeichen der Konsumgesellschaft dekoriert und stellen auf spektakuläre Weise die Macht des Technokapitalismus dar (vgl. Kellner 2005c: 199-200, siehe auch Kapitel 1.4.1)

Ein besonderes Beispiel für die Psychopathologie des Spektakels findet sich im relativ jungen Genre der Reality-TV-Shows wie *Big Brother*, deren Kandidaten angetrieben werden vom Wunsch nach Geld und Berühmtheit, vom Bestreben darauf, Teil des Medienspektakels zu werden. Der Fernsehzuschauer wird durch die Abstimmungsoptionen dieser Shows und vielfältige begleitende Onlineangebote ebenfalls Teil dieses Spektakels (vgl. Kellner 2005c: 218-219). Noch markanter ist die Spektakel-Teilnahmemöglichkeit im Bereich der Computer-, Video- und Onlinespiele, die immer spektakulärer gestaltet und vermarktet werden. Unter den Bestsellern finden sich zahlreiche Spiele, die sich äußert konkurrenzbetont um Kriegsführung und unternehmerischen Kapitalismus drehen und Fertigkeiten vermitteln, „die man für die Hightech-dotcom-Wirtschaft genau so braucht wie für den Kampf im postmodernen Krieg" (Kellner 2005c: 202). Durch das Medium Internet versuchen sich derweil zunehmend Individuen selbst als Medienspektakel zu inszenieren. ‚Webcam-Stars', die über Videoplattformen wie youtube.com Gesangsdarbietungen, Monologe oder gar Intimitäten aus ihrem Alltag präsentieren. Überschattet wird dies alles jedoch von dem, was Kellner als „Megaspektakel" bezeichnet: ein Spektakel, das über längeren Zeitraum global die Medien und Menschen beherrscht, wie beispielsweise der Terroranschlag vom 11. September 2001 oder Osama Bin-Laden.

Debords Konzept der Gesellschaft des Spektakels, nach dem soziale Subjekte durch Werbung, Konsum und mediale Ereignisse vom aktiven, selbst bestimmten Leben entfremdet werden, erweist sich demnach als überaus angemessen für die Gegenwart. Die Medienlandschaft, Politik und zunehmend auch das Alltagsleben werden, noch verstärkt durch immer neue multimediale Möglichkeiten, von der Logik des Spektakels dominiert (vgl. Kellner 2005c: 210).

> Das Resultat ist eine ‚Spektakularisierung' der Politik, der Kultur und des Bewusstseins, da die Medien sich vervielfachen und neue Kulturformen Bewusstsein und Alltag kolonisieren, wodurch neuartige Formen von Auseinandersetzung und Widerstand generiert werden. (Ebd.)

Einen Weg des Widerstands hat bereits Debord aufgezeigt:

> Die kritische Theorie muss sich in ihrer eigenen Sprache *mitteilen*. Diese Sprache ist die Sprache des Widerspruchs, die dialektisch in ihrer Form sein muß, so wie sie es in ihrem Inhalt ist. Sie ist Kritik der Totalität und geschichtliche Kritik. Sie ist kein „Nullpunkt des Schreibens", sondern seine Umstülpung. Sie keine Negation des Stils, sondern Stil der Negation. (Debord 1996a: 173-174; Hervorhebung im Original)

Die zu diesem Zweck eingesetzten Stilmittel sind „die *Umkehrung* der etablierten Beziehungen zwischen den Begriffen" und „die *Entwendung* aller Errungenschaften der früheren Kritik" (ebd.: 174; Hervorhebungen im Original). Die Umkehrung ist Debord zufolge ein revolutionärer Stil, „der in der Form des Denkens aufbewahrte Ausdruck der geschichtlichen Revolutionen" (ebd.). Er verweist als Beispiel auf Marx' berühmte Umkehrung von Proudhons *Philosophie des Elends* in *Das Elend der Philosophie*. Die Entwendung hingegen funktioniert insofern, dass durch sie kritische Erkenntnisse aus der Vergangenheit, welche mittlerweile „zu respektabelen Wahrheiten erstarrt sind, d.h. in Lügen verwandelt wurden" (ebd.: 175), aus dieser Erstarrung gelöst und als Plagiat wieder zu subversiven Zwecken eingesetzt werden.[14] Seine Wirkung bezieht das Plagiat daraus, dass es sich nahe an die Sprache des Verfassers hält und sich seines Stils bedient, aber seine falsche Idee durch eine richtige ersetzt (vgl. ebd.: 175-176).

> Die Entwendung ist das Gegenteil des Zitats, der theoretischen Autorität, die allein dadurch stets verfälscht ist, weil sie zum Zitat geworden ist [...]
> Die Entwendung ist die flüssige Sprache der Anti-Ideologie. Sie erscheint in der Kommunikation, die weiß, daß sie nicht beanspruchen kann, ir-

---

14   Debord verweist in diesem Zusammenhang darauf, dass bereits Sören Kirkegaard das Prinzip der Entfremdung in seinem 1844 erschienenen Werk *Philosophische Brocken* thematisierte und bewusst einsetzte (vgl. Debord 1996: 175).

gendeine Garantie in sich selbst und endgültig zu besitzen. Sie ist, im höheren Grad, die Sprache, die keine frühere und suprakritische Referenz bestätigen kann. Ihre eigene Kohärenz ist es hingegen, in ihr selbst und mit den praktikablen Tatsachen, die den früheren von ihr wiedergebrachten Wahrheitskern bestätigen kann. Die Entwendung hat ihre Sache auf nichts gestellt, was außerhalb ihrer eigenen Wahrheit als gegenwärtiger Kritik liegt. (Ebd.: 176)

Der „Gewaltakt" (Debord) der Entwendung zerstört dabei die bestehenden Ordnungsverhältnisse, denn die Entfremdung entfernt sich von dem, was als offizielle Wahrheit gilt und zeigt auf, dass jene Wahrheit nicht autonom und unumstößlich existiert, sondern nur innerhalb eines geschichtlichen Handlungsrahmens (vgl. ebd.: 176-177). Die praktische Umsetzung des Konzepts der Entwendung/Umkehrung betrieb Debord zusammen mit den anderen Mitgliedern der Aktivistengruppe Situationistische Internationale, die sich in verschiedenen Arten des gezielten zeichenhaften Widerstands übte und im Folgenden vorgestellt wird.

2.1.1 Die Situationistische Internationale und ihre Praxis des Widerstands

Bei der Situationistischen Internationale [S.I.] handelte es sich um eine paneuropäische Gruppe von gesellschaftskritischen Intellektuellen und Künstlern, die im Jahr 1957 aus der 1952 gegründeten Lettristischen Internationale [L.I.] hervorgegangen war. Während der L.I. nur eine Handvoll Pariser Studenten und Künstler angehört hatten, war die S.I. eine deutlich sichtbarere Vereinigung, die sich gegen die ökonomische Seinsform des kapitalistischen Spektakels wandte (vgl. Marcus 1996: 157-158). Die Ideen und Slogans der Situationisten wurden vor allem während der Pariser Studentenproteste und des nachfolgenden Generalstreiks im Mai 1968 umgesetzt.

Als Vorbilder und -läufer der S.I. wertet Marcus die Dadaisten, die 1916 in Zürich gegründete Bewegung von Künstlern um Hugo Ball, Emmy Hennings, Richard Huelsenbeck, Hans Arp, Marcel Jano und Tristan Tzara, welche sich gegen künstlerische und politische Tradition wandten und diese durch anarchistische und parodistische Methoden entstellten (vgl. Marcus 1996: 185-186).

Dadaismus ist eine Strategie, wie der Künstler dem Bürger etwas von seiner inneren Unruhe, die ihn nie in Gewohnheit einschlafen lässt, mitteilen, wie er den Erstarrten durch äußere Beunruhigung zu neuem Leben aufrütteln will, um ihm den Mangel an innerer Not und Bewegung zu ersetzen. (Udo Rusker, zit. nach Marcus 1996: 193)

In diesem Geiste agierten später auch Guy Debord und seine Mitstreiter. Als Gegenstück zu spektakulärer Arbeit und Unterhaltung führten die Situationisten die Praxis des ‚Dérive' ein, was bedeutet, dass man sich

> den Versprechungen der Stadt hingab, um dann herauszufinden, daß es sie nicht gab, wenn man sich durch die Stadt treiben ließ und es ihren Zeichen gestattete, seine Schritte umzulenken, zu ‚détournieren', um diese Zeichen anschließend selbst umzulenken und sie zu zwingen, auf Wege hinzuweisen, die nie zuvor existiert hatten. (Marcus 1996: 164)

Die Stadt wurde für die Situationisten, wie später für die Skateboarder (siehe 3.3), zu einem Spielfeld, zu einem neu zu erkundenden und umnutzbaren Terrain. Wendet man diese Praxis über den urbanen Raum hinaus an, handelt es sich um ein Sich-Treiben-Lassen zwischen den vorgegebenen und durch Zeichen der hegemonialen Macht angezeigten Rollen und Regeln der Gesellschaft, durch welches man einen neuen Lebensstil schafft. Die zweite, mit dem Dérive verbundene Praxis ist das ‚Détournement', die Umkehrung und damit Neutextualisierung der spektakulären Zeichen. Eine erste Theoretisierung des Détournement war in der 1957 erschienenen ‚Handlungsanleitung' für Situationisten *Rapport sur la construction des situations*[15] enthalten:

> Die kulturelle Kreation, die man situationistisch nennen kann, beginnt mit den Projekten des unitären Urbanismus oder der Konstruktion von Situationen im Leben, so dass ihre Realisierung von der Geschichte der Realisierungsbewegung der gesamten in der gegenwärtigen Gesellschaft enthaltenen revolutionären Möglichkeiten nicht zu trennen sind. Doch kann in der unmittelbaren Aktion, die in dem Rahmen durchgeführt werden muß, den wir zerstören wollen, eine kritische Kunst heute schon mit den Mitteln des vorhandenen kulturellen Ausdrucks – vom Film bis zu Bildern – gemacht werden. Das haben die Situationisten durch die Theorie der Zweckentfremdung zusammengefasst. (Debord 1980: 82-83)[16]

Ziel der Situationisten war es, den von Spektakeln besetzten Bildern, Umwelten und Ereignissen neue Bedeutungen zu geben beziehungsweise die ursprünglichen umzukehren und sie auf diese Weise ‚zurückzuerobern'. Durch die Veränderung der Wahrnehmung des gesellschaftlichen Alltags sollten die Menschen sich der Passivität und Entfremdung des Spektakels bewusst werden (vgl. Lasn 2006: 111-112).

---

15 In Deutschland als *Rapport zur Konstruktion von Situationen* erstmals 1961 erschienen.

16 Das französische Wort ‚détournement' wird hier mit ‚Zweckentfremdung' übersetzt, bedeutet aber auch ‚Entwendung' oder ‚Umdrehen'.

> *Détournement* bedeutete eine Politik des subversiven Zitats, die Stimm-
> bänder jedes autorisierten Sprechers zu durchtrennen; es bedeutete vor
> den Spiegel gezerrte gesellschaftliche Symbole, widerrechtlich angeeigne-
> te Wörter und Bilder, die man in wohlvertraute Texte umleitete und dort
> zur Explosion brachte. (Marcus 1996: 173; Hervorhebung im Original)

So versahen die Situationisten beispielsweise die Sprechblasen in Comics
mit neuen subversiven Texten oder ergänzten die Bilder alter Meister,
Pressefotos oder Werbebilder um solche (vgl. ebd.: 164).

2.2 John Fiske: Semiotische Macht und Widerstand

Der britische Kommunikations- und Kulturwissenschaftler John Fiske
wurde vor allem im englischen Sprachraum mit seinen Werken zur Analyse von Populärkultur bekannt. Soziale Wirklichkeit besteht für Fiske
aus dem ‚Machtblock‘ einerseits und den ‚Leuten‘ andererseits (vgl.
Fiske 2001c: 213); die Macht im sozialen System ist demnach ungleich
verteilt und die Verhältnisse sind einer ständigen Konfrontation zwischen Kontrolle und Widerstand ausgesetzt.

Ansatzpunkt für die Ausübung sozialer Macht bereits auf der
Mikroebene ist der menschliche Körper, den Fiske als Zentrum von
sozialer Erfahrung ausmacht:

> Hier wird die Gesellschaft in gelebte Erfahrung transformiert. Um den
> Körper verstehen zu können, müssen wir wissen, wer ihn durch die Be-
> wegung der Räume und Zeiten unseres Alltags kontrolliert, wer seine
> sinnlichen Erfahrungen prägt, seine Sexualitäten, seine Vergnügen beim
> Essen und Bewegen, wer seine Arbeitsleistung überwacht, sein Verhalten
> zu Hause oder in der Schule, und wer hauptsächlich beeinflusst, wie er
> gekleidet ist und auf welche Weise er sich in seiner Funktion zeigt, uns
> den anderen zu präsentieren. (Fiske 2001c: 213-214)

Der Machtblock, der Bewusstsein und Verhalten der Leute durch Disziplinierung kontrollieren will, konzentriert sich auf den Körper als „wich-
tigste Stelle der Disziplinarmacht" (Fiske 2001c: 215), dessen Erschei-
nungsbild und dessen Ausweitung durch Kleidung. So breitet sich der
Machtblock nicht nur räumlich, sondern auch im Körper der Beherrsch-
ten selbst aus (vgl. Niekisch 2004: 248). Die angewandte Strategie ist es,
mit Hilfe von Disziplinierung zu homogenisieren und nur jenen Personen Zugang zur Macht zu bieten, welche die vorgegebenen Identitäten
annehmen. Derart disziplinierte Personen sind „gelehrige Körper" (Fiske
2001c: 226). Fiske greift hier auf Foucaults (2007) Begriff der Individuierung zurück, um diese allein vom Machtblock erzeugte Individualität

zum Zweck der Dokumentation und Kontrolle zu beschreiben. Zweck der Individuierung ist „das Stationieren – die Platzierung der individuierten Person an der von der sozialen Ordnung vorgeschriebenen Position" (Fiske 2001c: 227). Der Individuierung als Ergebnis angewandter Macht gegenüber steht eine andere Art von Individualität: die „‚von unten' wirkende Vorstellung von Identität" (ebd.: 228). Angesichts der Tatsache, dass die imperialistischen Bestrebungen des Machtblocks bis in „die Familien, in kommunale Beziehungen und in die Freizeit" hineinreichen, ist diese individualisierte Identität das Subjekt eines ständigen Kampfes (vgl. ebd.: 228).

Widerstand gegen die individuierenden Mächte entspringt hier der Kreativität ‚von unten':

> Die Kreativität der Leute zeigt sich in der Kunst, mit den verfügbaren Ressourcen auszukommen, die normalerweise vom dominanten Anderen bereitgestellt werden und somit von dessen Macht durchdrungen sind. (Fiske 2001c: 231).

In Anlehnung an Michel de Certeaus *Kunst des Handelns* (1988) greift Fiske für diesen Prozess die Metapher eines Guerillakrieges auf. In derselben Art, wie eine schwächer positionierte Guerillaeinheit die stärkere Besatzungsmacht aus dem Hinterhalt attackiert, können Menschen sich gegen die soziale Macht wenden. Die strategische Kontrolle des Machtblocks kann durch taktische Überfälle auf ihre Lücken und Schwachstellen herausgefordert und geschwächt werden (vgl. Fiske 2001c: 230-231).

Die von den Herrschenden ausgeübte soziale Macht ist vielfältig und kann, ebenso wie der Widerstand gegen sie, die unterschiedlichsten Formen annehmen. Aus Analysegründen nimmt Fiske jedoch eine Unterteilung in zwei Hauptformen von sozialer Macht vor. Diese wäre „einerseits die Macht, Bedeutungen, Vergnügen und soziale Identitäten zu konstruieren, und andererseits die Macht, ein sozioökonomisches System zu konstruieren" (Fiske 2001b: 122). Erstere bezeichnet er als semiotische Macht, die zweite als soziale Macht, welche zwar beide eng verknüpft, aber dennoch relativ unabhängig voneinander sind. In der Populärkultur ist es hauptsächlich die semiotische Macht, mit der das Ziel verfolgt wird, „ein kohärentes Set von Bedeutungen und sozialen Identitäten um einen unartikulierten Konsens zu produzieren, dessen Formen dem Status Quo dienlich sind" (ebd.). Dieser Macht ist es eigen, dass Interessenkonflikte geleugnet und soziale Differenzen durch eine Struktur der Komplementarität neutralisiert werden. Homogenisierung, Zentralisierung und Integrierung sind die Begriffe, welche die Hauptwirkung der Macht der Herrschenden am besten beschreiben. „Ihre Macht besteht darin, die Menschen dazu zu bringen, ihre Bedeutungen

des Selbst und der gesellschaftlichen Beziehungen zu akzeptieren oder diesen zuzustimmen." (Fiske 2003: 21)
Kultur stellt sich für Fiske dar als

> der konstante Prozeß, unserer sozialen Erfahrung Bedeutungen zuzu-
> schreiben und aus ihr Bedeutungen zu produzieren, und solche Bedeu-
> tungen schaffen notwendigerweise eine soziale Identität für die Betroffe-
> nen. (Fiske 2003: 15)

All jene Bedeutungen zirkulieren in Beziehung zum sozialen System, welches von ihnen aufrechterhalten oder destabilisiert wird; ihre Rolle unterstreicht Fiske wie folgt:

> Als Semiotiker bin ich davon überzeugt, dass Bedeutungen das wichtigste
> an unserer Sozialstruktur sind und dass potenziell jeglicher Impetus zu
> einer Veränderung dieser Struktur hauptsächlich von diesen Bedeutungen
> ausgeht [...]. (Fiske 2001a: 107)

Die ökonomisch und ideologisch Herrschenden nutzen dementspre-chend die vorhandenen diskursiven und materiellen Ressourcen, um den ihnen zuträglichen Status Quo aufrecht zu erhalten.

Fiske verweist auf Valentin Volosinovs These, dass es die Strategie der herrschenden Klasse sei, dem ideologischen Zeichen einen „ewigen Charakter" (zit. in Fiske 2001b: 122) zu verleihen, der über den Klassen steht. Mit anderen Worten bedient sich die dominante Klasse einer My-thologisierung im Sinne von Barthes, indem sie versucht, „historische Intention als Natur zu gründen, Zufall als Ewigkeit" (Barthes 1964: 130). Dadurch soll die Multiakzentuiertheit des Zeichens kontrolliert und auf nur eine singuläre Bedeutung reduziert werden, denn das Potenzial zur Vielfalt, das dem Zeichen inne ist, eröffnet die Möglichkeit, es im Wider-stand gegen die herrschende Klasse zu verwenden. Und Vielfalt, bedingt durch die unterschiedlichen sozialen Interessen der oppositionellen Gruppen, ist es auch, die diesen Widerstand auszeichnet; Vielfalt im Sinne verschiedener Konstruktionen von Bedeutungen, Vergnügen und sozialen Identitäten, die sich von jenen abgrenzen, welche die herr-schende Klasse propagiert (vgl. Fiske 2001b: 122-123).

Semiotischer Widerstand begründet sich in dem Wunsch, die Kontrol-le über die Bedeutungen im eigenen Leben auszuüben. Dementspre-chend beginnt der Widerstandskampf bereits auf der Mikroebene und wird durch bestimmte Verhaltensweisen im Alltag ausgeübt. So wird zum Beispiel das Einkaufszentrum zum „Gelände eines Guerillakrieges" (Fiske 2003: 26), wenn die Kunden sich dort nicht so verhalten, wie ge-plant. Fiske führt das Beispiel arbeitsloser Jugendlicher an, die oft in

Gruppen Einkaufszentren aufsuchen, um diese ohne jedwede Kaufabsicht als Treffpunkt zu nutzen.

> Das offensichtliche Vergnügen, auf und ab zu spazieren, die „wirklichen" Konsumenten und die Vertreter von Recht und Ordnung zu provozieren, ihre Andersartigkeit in und ihre unterschiedliche Nutzung der Kathedrale des Konsums darzustellen, wurde zu einer oppositionellen, kulturellen Praxis. (Ebd.: 28)

In der Tradition der ‚Trickster' und Streichespieler der Bauern- und Volkskulturen werden die vorgegeben Verhaltensregeln von ihnen verspottet und umgedreht, das Verständnis der Regeln des Systems wird genutzt, um sich dagegen aufzulehnen (vgl. ebd.).

Das als entscheidend geltende Mittel der semiotischen Machtausübung ist die Repräsentation, welche Ideologie materiell und natürlich werden lässt und Bedeutungen der Welt erzeugt, zum Beispiel durch Sprache und Nachrichtenmedien. Fiske weist jedoch auch auf die Populärkultur als wichtigen Faktor für die Ausübung semiotischer Macht hin. Man solle, so Fiske, nicht dem Trugschluss unterliegen, dass der Eskapismus der Populärkultur in diesem Sinne keine soziopolitische Dimension besitzt und sich nur auf persönliche Phantasie in einer nicht realen, kompensatorischen Domäne beschränkt.[17] Denn auch die Phantasie ist ein Mittel der Repräsentation und wirkt als innere Erfahrung ebenso auf die Bedeutung der sozialen Erfahrung ein, wie die öffentlicheren Repräsentationen. Widerstand hat seinen Ursprung nicht nur in der sozialen Erfahrung der Unterordnung unter eine dominante Struktur, sondern rührt ebenfalls von der Bedeutung her, die dieser Erfahrung gegeben wird. Jene Bedeutung von Unterordnung kann nämlich im Sinne der Herrschenden sein oder aber der Unterdrückten. Im Alltagsleben existiert keine Trennung zwischen der materiellen sozialen Erfahrung und den Bedeutungen, die wir ihr beimessen, und somit ist eine Unterscheidung und Abgrenzung hier rein theoretischer Natur. Sozialer Widerstand und innerer Widerstand gehen im Alltagsleben Hand in Hand, eine simplifizierende Abwertung des Letzteren als ‚bloße Phantasie' wird seiner Rolle nicht gerecht. Durch Populärkultur ausgelöste ‚Widerstands-Phantasien' sind dementsprechend keine Realitätsflucht, kein Eskapismus, sondern eine Reaktion auf die Ideologie der Herrschenden.

---

17 An dieser Stelle sei auf eine Erkenntnis des Musikjournalisten und Kulturkritikers Diedrich Diederichsen verwiesen: „Pop ist das einzige Massenmedium, wo man, trotz Zensur […] immer wieder vor einem Massenpublikum radikale Positionen vertreten kann." (Diederichsen 1994: 25)

Der Phantasie kommt damit eine grundlegende Funktion für die Ausübung semiotischer Macht zu (vgl. Fiske 2001b: 123-125).

Aufgrund einer gewissen Polysemie, die Fiske zufolge so gut wie allen populären Texten zu Eigen ist, besteht auch die Möglichkeit, sie gegen die von den Herrschenden propagierte dominante Lesart zu deuten.

> The textual attempt to contain meaning is the semiotic equivalent of the exercise of social power over the diversity of subordinate social groups, and the semiotic power of the subordinate to make their own meanings is the equivalent of their ability to evade, oppose, or negotiate with this social power. (Fiske 1987: 126-127)

Im Gegensatz zu Adornos und Horkheimers Formel „Vergnügtsein heißt Einverstandensein" (zit. nach Dörner 2001: 85) besteht für Fiske durchaus die Möglichkeit, das Vergnügen der Medienunterhaltung mit einer Zurückweisung von herrschenden Deutungsmustern und Identitätsmodellen zu verbinden und sich Kulturobjekte eigensinnig anzueignen: „Resistive reading practices that assert the power of the subordinate in the process of representation and its subsequent pleasure pose a direct challenge to the power of capitalism to produce its subjects-in-ideology." (Fiske 1987: 326) Der Akt des oppositionellen Lesens von Texten führt dabei nicht zwangsläufig zu direkter politischer Opposition oder sozialem Aktivismus, doch werden durch ihn Bedeutungen und die sozial dominante Gruppe, welche über diese Bedeutungen entscheidet, in Frage gestellt. Dies ist eine grundlegende Voraussetzung für die Bildung und Festigung subkultureller Identitäten, welche durch die Aufrechterhaltung sozialer Unterschiede gegen eine Homogenisierung durch die Herrschenden wirken (vgl. ebd.).

3 Semiotischer Widerstand als Teil subkultureller Lebensweisen

Kimminich definiert Subkulturen als intentionale Gemeinschaften, die sich von der hegemonialen Kultur abgrenzen mit dem Ziel anders beziehungsweise besser zu leben und ihre alternativen Lebensstile vor allem durch eine kreative Umnutzung kultureller Zeichen und Praktiken umsetzen. Diese Umsetzung umfasst sowohl symbolische Aspekte als auch die Schaffung ästhetischer gemeinschaftlicher Erfahrungsräume, durch die sich die Gemeinschaften untereinander und von der Mainstream-Kultur absetzen (vgl. Kimminich 2007: 52).[18] Die ersten jugendlichen Subkulturen entstanden zwar im Rahmen des Spätkapitalismus nach dem Zweiten Weltkrieg (vgl. Hebdige 1979), entwickelten jedoch aus dem Bedürfnis ihrer Mitglieder, sich von der hegemonialen Massenkultur abzugrenzen, durchaus eine anti-konsumkapitalistische Haltung.

Die drei im Folgenden vorgestellten Subkulturen sind bewusst ausgewählt worden, da sie besonders anschaulich unterschiedliche Varianten des zeichenhaften Widerstands subkultureller Gemeinschaften verkörpern: Widerstand durch Kreation und Zuschaustellung eines subkulturellen Stils[19], Widerstand durch Schaffung von Gegenzeichen im öffentlichen Raum und Widerstand durch performative Körper-Akte.

3.1 Rebellion durch Stil: Punk

Der Kulturwissenschaftler Dick Hebdige macht in seinem Standardwerk *Subculture: The Meaning of Style* (1979) den britischen Punk Ende der 1970er Jahre als jene jugendliche Subkultur aus, welche sich mehr als alle anderen von den normalisierten gesellschaftlichen Formen absetzt und diesen die stärkste Missachtung entgegenbringt (vgl. ebd.: 19). Die Ursprünge des Punk liegen zwar in den USA, seine stärkste Ausprägung erlebte er jedoch ab den späten 1970ern in Großbritannien.

---

18 Für eine Übersicht über die gegenwärtige Diskussion des Subkultur-Begriffs siehe Jacke (2007).

19 Stil wird von Kimminich definiert als „prozessuale Objektivierung des Selbstbilds eines Individuums innerhalb einer Gruppe [...], als Her- und Darstellung einer selbstbewussten, sich durch spezifische Orientierungswerte differenzierenden Lebensweise", basierend „auf einem (re-)kreativen, lebenspraktisch ausgerichteten (gemeinsamen) Spiel mit transkulturell verfügbaren Bildern, Zeichen und Ausdrucksformen, das Selbst(er)findung und Selbstgestaltung ermöglicht [...]." (Kimminich 2007: 54)

Grundlegendes Element für diese Subkultur ist die scheinbar willkürliche Zusammensetzung verschiedener Elemente, der Mix von als unvereinbar geltenden Stilen. Punk als Musikrichtung ist charakterisiert durch eine Mischung verschiedener musikalischer Traditionen – von Glitter Rock über Reggae, Garage Rock und Pub Rock bis zu Northern Soul – die auf den ersten Blick inkompatibel erscheinen. Dasselbe gilt für den eklektischen Kleidungsstil: Punk reproduzierte Ende der 1970er die komplette Modegeschichte der Nachkriegs-Arbeiterklassejugend in einer Art Collageform, in der Bekleidungselemente aus unterschiedlichen Zeiten kombiniert wurden (vgl. ebd.: 25-26).

> There was a chaos of quiffs and leather jackets, brothel creepers and winkle pickers, plimsolls and paka macs, moddy crops and skinhead strides, drainpipes and vivid socks, bum freezers and bovver boots – all kept in place and out of time by the spectacular adhesives: the safety pins and plastic clothes pegs, the bondage straps and bits of string which attracted so much horrified and fascinated attention. (Ebd.: 26)

Man kann den Punkstil demnach als ein verzerrtes Sammelsurium aller wichtigen Nachkriegs-Subkulturen kennzeichnen, das sich vor allem durch offenkundige Widersprüche auszeichnet.

Eine spektakuläre Subkultur wie Punk stellt nach Hebdiges Auffassung ‚Lärm' dar, eine Unterbrechung der Ordnungssequenz, die normalerweise von realen Ereignissen bis zu deren Darstellung in den Medien führt. Sie ist ein Mechanismus semantischer Unordnung oder eine Art von Blockade im System der Repräsentation. Der desorientierende Effekt, den die Anhänger der Subkultur auslösen, rührt von Auslassungen, Zuspitzungen oder Kürzungen der vorherrschenden linguistischen und ideologischen Kategorien her. Verletzungen der autorisierten Codes, durch welche die soziale Welt organisiert und erlebt wird, können dabei auf profunde Weise Provokation und Verstörung erzeugen. Spektakuläre Subkulturen wie Punk kommunizieren tabuisierte Inhalte, nämlich das Klassenbewusstsein und das Bewusstsein des Unterschiedlichseins, in verbotenen Formen, namentlich durch den Verstoß gegen Kleidungs- und Verhaltenscodes und die Missachtung von staatlichen Gesetzen. Eine Subkultur wie Punk widersetzt sich den gesellschaftlichen Erwartungshaltungen und stellt eine Herausforderung für die vorherrschende symbolische Ordnung dar. Dass das Auftreten einer solchen subkulturellen Gruppierung primitive Ängste um die „sacred distinction" (Hebdige) zwischen Kultur und Natur hervorruft, beweisen die Begriffe, mit denen junge britische Punks Ende der 1970er in den Boulevardzeitungen belegt wurden: ‚Freaks', ‚Tiere' und ‚Ratten' (vgl. ebd.: 90-92).

Doch wie genau konstituiert sich die zeichenhafte Unordnung, welche die Anhänger der Subkultur auslösen? Zunächst einmal sind die visuellen Aspekte, die zur Schau gestellten Zeichen dieser spektakulären Subkultur, offensichtlich intentional konstruiert und stehen damit im Gegensatz zu konventionellen Kleidungsstücken und Statussymbolen. Letztere zeichnen sich durch ihre gesellschaftliche Angemessenheit und ‚Natürlichkeit‘ aus, wobei es sich – hier sei noch einmal auf Barthes (1964) verwiesen – aber wohlgemerkt um eine „Pseudonatur" handelt. Durch den Akt der Mythologisierung wird ihr historischer Charakter durch Natur ersetzt. Punk verstößt gegen dieses Prinzip der Natürlichkeit, indem er Gegenständen und Kleidungsstücken neue Bedeutungen gibt, ihre konventionelle Gebrauchsweise untergräbt, durch eigene Gebrauchsweisen ersetzt und so neue und oppositionelle Leseweisen möglich macht (vgl. Hebdige 1979: 100-103). Somit demaskiert die Subkultur die gesellschaftliche Pseudonatur als eine solche:

> Wie Punk musikalisch keinen Sinn ergab, ergab er sozial Sinn: In wenigen Monaten erschuf er eine neue Kombination visueller und verbaler Zeichen, die unklar und aufschlussreich zugleich waren, je nachdem, wer sie sah. Allein durch seine Künstlichkeit, dass er es sich nicht nehmen ließ, eine Situation zu konstruieren und anschließend als Schwindel fallen zu lassen [...] ließ Punk das gewöhnliche gesellschaftliche Leben als Gag erscheinen, als Ergebnis sadomasochistischer Ökonomie. (Marcus 1996: 69-70)

Die Konstruktion des Punk-Stils kann laut Hebdige am besten an Hand des Konzepts der Bricolage [frz.: Bastelei] erläutert werden. In *Das Wilde Denken* (1968) beschreibt der Ethnologe Claude Lévi-Strauss damit den Einsatz ungewöhnlicher Mittel, die in keinem Zusammenhang mit der zu erfüllenden Aufgabe stehen (vgl. ebd.: 29-36). Die bei seinem Aufkommen empfundene Aggressivität des Punkstils definierte sich hauptsächlich durch das ‚Cut Up', das kompromisslose Zusammenstellen von als unvereinbar geltenden Stilen und deren Durchsetzung mit unpassenden Gegenständen wie Wäscheklammern, Nägeln oder Sicherheitsnadeln als Gesichtsschmuck, die Verwendung von als vulgär geltenden Designs und grellen Farben, von Make-Up und Haarfärbemitteln in exzessiven Maßen, unkonventionelle (Nicht-)Frisuren wie der Irokesenschnitt und das öffentliche Tragen von Accessoires, die aus der sexuellen Fetischszene stammen. Vorherrschende Tanzstile wurden ersetzt durch eigene wie Pogo, Pose und Robot, die sich allesamt durch einen radikalen Bruch mit den gängigen Tanzkonventionen auszeichnen. Die begleitende Musik unterschied sich vom gängigen Rock- und Pop-

Mainstream durch Einfachheit, Direktheit und relative Unmelodik (vgl. Hebdige 1979: 106-109).

Auch verfügen Mitglieder der Punkszene über eine spezifische sub-kulturelle Redeweise, von der Forschungsgruppe Tüschau 16 als ‚Punk-Diskurs' tituliert, welcher sie sprachlich vor allem in wichtigen Berei-chen wie Gesellschaft, Politik, Wertvorstellungen und Wirtschaft von der übergeordneten Einzelkultur und anderen Subkulturen abgrenzt (vgl. Tüschau 16 1998: 112-113).[20]

Ein weiteres wichtiges Element des subkulturellen Widerstandes ist die ‚Do-it-yourself'-Philosophie [DIY] des Punk. Neben der Selbstherstel-lung von Kleidung zeigte sich dies vor allem auf der musikalischen Ebe-ne. Konzerte wurden ohne Hilfe von professionellen Veranstaltern in Kellerräumen oder leer stehenden Lagerhäusern organisiert, eigene Musikmagazine – Fanzines – von Einzelpersonen oder kleinen Gruppen zusammengestellt und meist durch Kopieren vervielfältigt; Musik wur-de in Eigenregie aufgenommen und durch selbst gegründete Plattenla-bels verbreitet. Malcolm McLaren, der Manager der Punkband Sex Pistols, formuliert die Besonderheit des Punk gegenüber den populären Musikstilen und -kulturen folgendermaßen: „Wir wollten eine Situation schaffen, in der es die Jugendlichen weniger interessierte, Platten zu kaufen, als sich selbst auszudrücken." (zit. in Marcus 1996: 422)

Zusammenfassend kann der Punk der 1970er und 1980er bewertet werden als „subculture as a form of resistance in which experienced contradictions and objections to this ruling ideology are obliquely repre-sented in style" (Hebdige 1979: 133). Wichtigster Aspekt dieses Wider-standes ist die Verweigerung einer Deutbarkeit der vielfältigen, zur Schau getragenen Zeichen: "Any attempt of extracting a final set of meanings from the seemingly endless, often apparently random, play of signifiers in evidence here seems doomed to failure." (Hebdige 1979: 117)

Der Musikhistoriker Greil Marcus sieht im Punk gar eine neue Varian-te von Adornos und Horkheimers Kritik der Massenkultur, jedoch aus einer unerwarteten Richtung, „die keiner aus der Frankfurter Schule, weder Adorno noch Herbert Marcuse oder Walter Benjamin, vorherge-sehen hatte: aus dem Popkult-Herz der Massenkultur" (Marcus 1996: 70). Interessanterweise trägt die Kritik der Massenkultur im Gewand des Punk nun selbst massenkulturelle Züge oder wenigstens die einer „viel-gestaltige[n] Möchtegern-Massenkultur" (Marcus 1996: 72), in der sich Adornos Negation mit sardonischem Spaß vermischt.

---

20 Die Ergebnisse einer umfassenden empirischen Studie der Forschungsgruppe Tüschau 16 zu dem in der deutschen Punkszene vorherrschenden Punk-Diskurs liegen unter dem Titel *Die subkulturellen Symbole der Punks* (1998) vor.

Wie andere jugendliche Subkulturen wurden auch der Punk und seine Stilelemente letztendlich von der Unterhaltungsindustrie vereinnahmt, die Bewegung wurde einem Generalisierungsprozess unterworfen und der Punk-Habitus sei, so Baacke, „in den Alltag der Jugendkulturen eingegangen" (Baacke 2007: 80).

Doch neben einer kommerziellen Variante als Musikgenre existiert weiterhin eine ‚authentische' subkulturelle Punkszene, die sich gegen die konsumkapitalistische Kolonisation verwahrt. Die Journalistin Alissa Quart kommt nach Recherchen im Punk-Milieu von Long Island zu dem Schluss, dass die Nachfolgegeneration gegenwärtiger DIY-Punks in mancher Hinsicht noch stärker auf ihre Selbstständigkeit und Selbstversorgung am Rande des Marktes bedacht und noch radikaler in ihrem subkulturellen Wertesystem sei (vgl. Quart 2003: 268-269). Junge Menschen, die sich dieser Subkultur heutzutage anschließen, geht es neben dem für Jugendlichen typischen Gruppensozialverhalten vor allem darum, sich den „Übergriffen der Kommerzwelt" (ebd.: 270) und dem „Markendiktat" (ebd.: 271) zu entziehen.[21] Baacke schließt gar ein Punk-Revival, welches „den eigentlichen Impetus dieser Bewegung wiederbelebt: die ästhetisch radikale Illusionszertrümmerung" (Baacke 2007: 80), nicht vollkommen aus.

3.2 Aufstand der Zeichen: Graffitis

In der Flut von Graffitis[22], die in den frühen 1970ern über die Stadt New York hereinbrach, sieht Baudrillard einen Angriff auf das Zeichenmonopol des herrschenden Systems. In einer „Semiokratie", in der die Aufteilung in Produzenten und Konsumenten von Zeichen absolut sein muss, erschüttern Graffitis diese Ordnung der Zeichen (vgl. Baudrillard 1978: 22-23). Mit anderen Worten: Graffitis richten sich gegen die Grundstruktur der modernen Großstadt mit ihren Codes in Form von Reklame, Schaufenstern, Straßenschildern und Fernsehbildschirmen, durch welche

---

21 Den ‚Do it yourself'-Aspekt des Punk findet man unter anderem gegenwärtig auch in Form der ‚Reclaim the Streets'-Partys (siehe 4.3.6) und anderen Aktionsformen des Culture Jammings wieder.

22 Das Wort ‚Graffiti' ist eine Pluralbildung von ‚Grafitto', das vom italienischen ‚sgraffito' abstammt, einer vor allem in der Renaissance verbreiteten Kratzputztechnik für die Gestaltung von Gebäudefassaden. Erste Graffitis entstanden Ende der 1960er Jahre in New York (vgl. Strehle, 2008: 14, 23). Dem Sprachgebrauch folgend wird ‚das Graffiti' im Folgenden als Singular und ‚die Graffitis' als Plural verwendet.

die Erlebniswelt der Menschen strukturiert und gesteuert wird (vgl. Strehle 2008: 26).

Angemerkt werden muss hier, dass sich Baudrillard dabei nur auf so genannte ‚Tags‘, also schnell aufgetragene, anonyme Namenszüge, teils in Verbindung mit anderen grafischen Elementen, bezieht, die er von aufgemalten Parolen und Wandmalereien unterscheidet. Im Gegenzug zu diesen fehlt dem Graffiti der Hintergrund einer expliziten Botschaft, kommunizieren soll es allein den Umstand, dass es gesprüht wurde und von wem (vgl. Strehle 2008: 15), also dass der Sprayer – in der Szenesprache als ‚Writer‘ bezeichnet – anwesend war. Der fiktive Eigenname des Writers aus dem der Schriftzug des Graffitis besteht, hat nur selten semantische Bedeutung und besteht zumeist aus einer Buchstabenkombination, für deren Auswahl meist nur der Aspekt der flüssigen Aussprechmöglichkeit und der grafisch-ästhetische Anspruch relevant sind. Statt der wortsemantischen Ebene wird die Bedeutung über die Visualität der Buchstabenfolge konstruiert, die von Formkonventionen der Graffitiszene wie Proportionen, Kompositionen, Laufweiten und Farbwahl geprägt ist (vgl. Meier 2007: 198-199). Im Fall eines Zusammenschlusses von Graffiti-Malern zu Gruppen, so genannten ‚Crews‘, werden die Buchstaben des Gruppennamens in der Art von Parteinamen als parolenähnliche Abkürzungen verwendet, jedoch ist der semantische Inhalt auch hier nur von untergeordneter Bedeutung. Graffiti-Writing kann entsprechend dieser ästhetischen Dimensionierung als eine Rückentwicklung der Buchstaben zum Bild definiert werden (vgl. Strehle 2008: 16).

Nach Einschätzung Baudrillards beziehen Graffitis ihre semiotische Kraft aus eben jener Inhaltslosigkeit.

> Irreduzibel aufgrund ihrer Armut selbst, widerstehen sie jeder Interpretation, jeder Konnotation und sie denotieren nichts und niemanden: weder Denotation noch Konnotation, derart entgehen sie dem Prinzip der Bezeichnung und brechen als leere Signifikanten ein in die Sphäre der erfüllten Zeichen der Stadt, die sie durch ihre bloße Präsenz auflösen. (Baudrillard 1978: 26)[23]

---

23 Hier muss angemerkt werden, dass ein Signifikant nach Saussures (2001) Definition eigentlich an sich ‚leer‘ ist, da eine Bedeutung nur in Verbindung mit dem Signifikat entsteht. Baudrillards somit redundante Formulierung zielt vermutlich darauf ab, Graffitis deutlich von der Aussagekraft gesprühter Parolen und Wandbildern abzusetzen.

Diese Inhaltslosigkeit kommt einer Attackierung der Medien in ihrer Produktions- und Verteilungsweise gleich, geboren aus der Einsicht, dass die zugrunde liegende Ideologie „nicht mehr auf der Ebene politischer Signifikate, sondern auf der Ebene der Signifikanten funktioniert – und dass hier das System verwundbar ist und bloßgelegt werden muss" (ebd.: 30). Die von Baudrillard prognostizierte Leere der Graffitis darf jedoch nicht mit einer völligen Sinnlosigkeit gleichgesetzt werden. Sie verweisen ja durchaus auf den jeweiligen Writer, der sich an Stil-Konventionen der Graffiti-Gemeinschaft hält und mit seinem Grafitti eine Repräsentation seiner Individualität kreiert.

> Darauf aufbauend wird das Sprühwerk zum Kommunikat innerhalb der Szene. Es signalisiert das Engagement, die Kreativität, handwerkliches Geschick und Risikobereitschaft, wodurch Ansehen [...] gegenüber den anderen erwachsen kann. (Meier 2007: 199)

Die Graffitisprayer setzen sich als Gemeinschaft, als eigene Szene, vom Rest der Gesellschaft ab. Um das zentrale Element des Graffitisprühens, das für Anschlusskommunikation sorgt, haben sich Sprachcodes, Interaktionsrituale und Werte gebildet. Man kann die Graffitikultur also als Subkultur oder besser noch: Gegenkultur zur hegemonialen Kultur und zum Mainstream bezeichnen. Ihre Ablehnung des Konformismus der Mainstream-Kultur wollen die Mitglieder der Graffitiszene durchaus für die übrige Gesellschaft sichtbar machen, daher ist es in ihrem Sinne, dass ihre Werke an öffentlichen Orten und nicht innerhalb von Stadtverwaltungen zur Verfügung gestellten ‚Mal-Ghettos' angebracht werden (vgl. Strehle 2008: 21-22). Somit verweisen die Graffitis auf das Vorhandensein der Gegenkultur und deren Ablehnung der herrschenden Verhältnisse.

Baudrillards Betonung der leeren Signifikanten bezieht sich demnach wohl eher auf die Radikalität, mit der Graffitis sich trotz ihrer Verwendung von Schrift den gängigen Kommunikationsnormen widersetzen. Denn ihr Inhalt speist sich für Nichtangehörige der Graffitiszene nicht aus der Buchstabenkombination, Form oder Farbgebung, sondern erschöpft sich in ihrem bloßen Vorhandensein. Diese Auffassung findet sich auch bei Stierle wieder:

> Ihre streng geometrischen, aus Buchstaben in eine eigene Bildlichkeit wechselnden Figuren dienen keinem anderen Zweck als ihrer Selbstmanifestation, sie beanspruchen weder Kunstwert noch stehen sie in einem ökonomischen Verwertungszusammenhang [...]." (Stierle 2006: 57-58)

Franck (2005) deutet Graffitis als das aus dem Untergrund stammende illegale Gegenstück zur Werbung. Während Werbespezialisten Marken-identitäten aufbauen und durchsetzen, also Produkte bekannt machen, bauen Graffitiwriter ihre eigene Identität auf und machen „ihre Codes durch die Effizienz der Störung bekannt" (Franck 2005: 228). Graffiti kann man somit als „subversive Mimesis der Macht" (Strehle 2008: 28) bezeichnen, denn sie übernehmen die Funktionsprinzipien der Werbung und gebrauchen sie für ihre eigenen Zwecke. Da es sich bei ihnen aber nur um sinnlose grafische Pseudonyme der Sprayer handelt, sind sie mehr als bloße Mimesis – also eine affirmative Wiederholung – nämlich eine subversive Attacke auf das Machtgefüge. Dem wie auch immer gearteten Sinn der Werbung setzen Graffitis nach Strehles Ansicht eine relative Sinnlosigkeit gegenüber:

> Graffitis nehmen einen Kampf auf, den die Werbung längst führt: den Kampf um die Flächen und ihre Besetzung. Wo die Werbung Sinn verbrei-ten will (und sei er noch so flach) da setzen die *Tags* der Writer offene Sinnlosigkeit. […] Gegen den Terrorismus der Effizienz und des Sinns set-zen die Writer die Leere einer reinen, funktionslosen Ästhetik der Schrift, die eben deshalb als Vandalismus erscheinen muss. (Strehle 2008: 32; Her-vorhebung im Original)

Die Aggression beziehungsweise der Vandalismus gegen den urbanen Raum rührt dabei von der empfundenen Ungleichheit her und zeugt vom Druck der im Stadtbild allgegenwärtigen Werbung auf die unteren sozialen Klassen. Damit sind Graffitis „eine – wenn auch mitunter un-bewusste – Fortsetzung des politischen Aufstands auf der Ebene des Symbolischen" (Strehle 2008: 13). Auf intuitiver Ebene haben die Graffi-tiwriter erkannt, dass die dominierende Ideologie „nicht mehr auf der Ebene politischer Signifikate, sondern auf der Ebene der Signifikanten funktioniert – und das hier das System verwundbar ist und bloßgelegt werden muss" (Baudrillard 1978: 30).

Um die Aufstands-Analogie fortzuführen, kann man Graffitis auch als eine symbolische Rückeroberung von Flächen im Kampf um den öffent-lichen Raum bezeichnen. Das illegale Anbringen der Graffitis spielt da-bei eine entscheidende Rolle: Nicht der künstlerische Aspekt, sondern der gesetzeswidrige Akt der Kreation steht im Vordergrund. Graffitis müssen illegal sein, gegen die vom hegemonialen System vorgeschriebe-nen Regeln eingesetzt werden, um als Subversion zu funktionieren.

Eine wichtige Rolle spielen auch die ausgewählten Untergründe für die Graffitis. Werden diese an einem schwer zugänglichen, eventuell sogar bewachten Ort angebracht, demonstriert dies das subversive Ge-schick des Writers. Auch wenn Baudrillard den Graffitis an sich eine

Aussage abspricht, wird durch sie die semiotische Verweisfunktion genutzt, welche mit dem ausgesuchten Ort verbunden ist. Graffitis auf den Mauern eines Bankgebäudes oder einer Polizeiwache werden vom Betrachter anders gelesen als solche auf einem verlassenen Fabrikgebäude. Die Örtlichkeit als gesellschaftlicher Diskursraum fügt den Zeichen bestimmte soziokulturell geprägte Bedeutungskomponenten erst hinzu (vgl. Meier 2007: 204), auch wenn es sich im Fall der Graffitis eher um einen „Anti-Diskurs" (Baudrillard) handelt. Tabuzonen für Graffitiwriter stellen dabei in den meisten Fällen Privatautos, Kirchen und die Schaufenster kleiner Ladengeschäfte dar (vgl. Strehle 2008: 17).

Die mit Graffitis überschriebenen Gebäude, U-Bahnen, Busse und Mauern der Stadt werden durch diesen Akt wieder zu einzelnen Körpern, zur „lebendigen, immer noch sozialen Materie" (Baudrillard 1978: 35), befreit von der urbanen Architektur und ihren funktionalen und institutionellen Markierungen. Das repressive Zeit/Raum-Muster der städtischen Transportmittel wird durch Graffitis auf den Zugwagons ebenso gestört, wie die durch die Vertikalität der Wolkenkratzer ausgedrückte Allmacht des herrschenden Systems (vgl. ebd.).

Die Ordnung der Zeichen, die von Baudrillard ausgerufene Semiokratie, konnte diese Form semiotischer Subversion auch in ihren Hochzeiten in den 1970ern und 1980ern nicht wirklich erschüttern. Ihr Erfolg liegt jedoch darin, immer wieder anschaulich zu machen, dass diese Zeichenherrschaft, die letztendlich für die wirtschaftlichen Besitzverhältnisse steht, nicht unantastbar ist. „They [Graffiti, der Verfasser] are an expression both of impotence and a kind of power – the power to disfigure." (Hebdige 1979: 3) Denn durch sie können – wenigstens temporär – Flächen und damit Handlungsmacht im öffentlichen Raum symbolisch zurück gewonnen werden. Genau hier, auf der Ebene des Symbolischen, ist die Wirkung der Graffitis zu suchen. „Sie *sind* die Fortsetzung des Aufstandes mit anderen Mitteln, aber diese Mittel sind keine realen Mittel, sondern spielen sich auf der symbolischen Ebene eines *Kriegs der Zeichen* ab", so Strehle (2008: 32; Hervorhebungen im Original). Auf dieser Ebene spielt das Kräfteverhältnis, das bei physischen Aufständen entscheidend ist, keine Rolle mehr, denn „das Spiel der Zeichen beruht nicht auf Kraft, sondern auf Differenz vermittels der Differenz, also muß es attackiert werden" (Baudrillard 1978: 30-31). Für diese Art von Aufstand sind keine rebellierenden Massen und noch nicht einmal ein ausgeprägtes politisches Bewusstsein oder erklärte politische Absichten nötig, Sprühdosen und Marker und der Akt des Graffiti-Malens an sich reichen aus (vgl. ebd.: 31).

3.3 Attacke auf den urbanen Raum: Skateboarding

Eine weitere urbane Subkultur, die sich durch eigenes grafisches Design, Sprache, Musik, Magazine und Verhaltenskodex auszeichnet, ist das Skateboarding. Waren die Anfänge des Skateboardings in den späten 1950ern und 1960ern noch rein kommerziell geprägt – Skateboards wurden als Kinderspielgeräte verkauft – so entwickelte es sich in den 1970ern zu einer subkulturellen Bewegung (vgl. Quart 2003: 142). Von den amerikanischen Vorstädten aus verlagerte sich Skateboarding in den frühen 1970ern immer mehr in den Stadtkern, wo die Skateboardfahrer, gemeinhin auch als Skateboarder oder Skater bezeichnet, seitdem öffentliche Plätze besetzen. Die Ablehnung von Arbeit, Familie und normativen gesellschaftlichen Werten zeichnet wie andere gegenkulturelle Bewegungen auch das Skateboarding aus. Gängige gesellschaftliche Arbeits- und Karrieremuster sowie die Routine von Schule, Familie und sozialen Konventionen werden durch eine alternative Lebensweise ersetzt (vgl. Waldvogel 2005: 239-240).

Visuell zum Ausdruck kommt dies in der von Skateboard-Designern verwendeten Bildsprache, in der politische Zeichen und Slogans verwendet und umgedeutet werden. Ähnlich wie in der Culture Jamming-Praxis des Subvertisings (siehe 4.3.3) werden Unternehmenslogos und bestehende Werbungen durch Veränderungen für gegenteilige Aussagen verwendet. In den 1980er und frühen 90er Jahren begann der so genannte ‚Ripp-off‘-Trend, in dessen Zuge Skateboard-Decks mit entfremdeten Versionen der Logos von Coca-Cola und Burger King oder des ‚Dianetics‘-Logos der Scientology-Kirche verziert wurden. Im Laufe der 1990er Jahre wurde der Kleidungsstil der Skateboarder jedoch derart populär in der Mainstreamkultur, dass die ehemals kleinen, aus der Szene entstandenen und eng mit ihr verbundenen ‚Garagenunternehmen‘, welche Bekleidung und Skateboards entwarfen und produzierten, entweder von großen Unternehmen verdrängt wurden oder ihr Geschäft auf den Massenmarkt ausdehnten und selbst zu Großproduzenten wurden, wie beispielsweise die Firma Vans. Die Konsequenz für viele Skateboarder besteht darin, die eigene subkulturelle Kleidung nicht mehr zu tragen, was mit der Erkenntnis einherging, dass sich der eigentliche gegenkulturelle Entwurf der Skaterszene nicht auf Kleidung und Design begrenzt, sondern vor allem in Handlungen zum Ausdruck kommt (vgl. Waldvogel 2005: 240-242). In Anlehnung an Lefebvre (1991) konstatiert Borden:

> […] skaters implicitly realize that the right to be different is meaningful only when based on actions to establish differences, and thus that their identity is based on the *activity* of skateboarding […] (Borden 2006: 160; Hervorhebung im Original)

Von der Kommodifizierung unberührt sind nämlich die ‚Skate-Moves‘, die Bewegungen, Tricks und Kunststücke, welche das Ansehen eines Skateboarders innerhalb der Szene ausmachen und nach wie vor durch fortlaufende Übung erlernt werden müssen. Auch die subkulturelle Sprache bleibt, ähnlich wie in der Punkszene, weitgehend ein unkomm-modifizierter Bestandteil der Skateboarding-Kultur. Auf der Ebene der Produktion und des Konsums wird in gewissem Rahmen ebenfalls Widerstand geleistet, indem versucht wird, einen eigenen Kapitalkreislauf zu schaffen, der ausschließlich innerhalb der Skateboarding-Gemeinschaft existiert. ‚Echte‘ Skater kaufen nur Ausrüstung von den Firmen anderer Skater, in Geschäften, die ebenfalls Skatern gehören. Die beiden letzten Gruppen investieren ihren Gewinn wiederum in die Skate-Szene, indem sie bessere Ausrüstung entwickeln, Skateboardfahrer sponsern, Wettkämpfe ausrichten und Skate-Rampen errichten (vgl. Borden 2006: 157).

Das eigentliche Widerstandspotenzial des Skateboardings liegt jedoch im Akt des Skateboardfahrens an sich. Borden zufolge ist Skateboarding eine kritische Praxis, die sowohl die Form als auch die politischen Mechanismen des urbanen Lebens herausfordert und derart zur Schaffung von „differential space"[24] beiträgt, einem Raum, in dem soziale Unterschiede hervorgehoben und zelebriert werden (vgl. Borden 2001: 179).

Die moderne Stadt, die architektonisch auf den Status und die Form eines Instruments kapitalistischer Rationalität reduziert ist, bietet eine Vielzahl von „Nicht-Orten" (Ritzer 2005). Hier dominieren Warentausche die sozialen Beziehungen und Praktiken, was zu einer relativen Passivität der meisten Teilnehmer führt, die sich durch den urbanen Raum bewegen, ähnlich einer stark organisierten und reglementierten Begehung oder Führung, bei der die Route, die Geschwindigkeit, die Gestik und die Sprache kontrolliert werden. Doch auch Widerstand ist als Reaktion auf die Privatisierung städtischen Raums sowie die Komm-modifizierung und Befriedung des urbanen Erlebnisses möglich. Skateboarder fordern die funktionalen Räume und Objekte der Stadt heraus, indem sie durch ihre Art des Umgangs deren Bedeutungen verändern oder gar komplett umkehren. Ein Treppengeländer beispielsweise ist ein hochfunktionales Objekt, dessen hauptsächliche Bedeutung in direktem Zusammenhang mit seiner Funktion steht: Sicherheit. Nach Eco stellt es ein architektonisches Element dar, welches vor allem funktionell denotiert wird. Die Konnotation ‚Sicherheit‘ gründet sich hier ausschließlich auf die Denotation seiner primären Funktion (vgl. Eco 1972: 310-311, 329). Der Skateboarder, der mit seinem Board auf das Geländer springt

---

24 Der Begriff ‚differential space‘ in diesem Zusammenhang geht auf die Arbeit von Henri Lefebvre (1991) zurück.

und es dann herab gleitet, transformiert das Treppengeländer in das Gegenteil seiner ursprünglichen Bedeutung: ein Objekt des Risikos. Objekte wie Treppengeländer haben außer ihrem banalen, praktischen Nutzen gewöhnlich keine weitere kulturelle oder soziale Bedeutung. Durch den unerwarteten und plötzlichen Akt des Skateboarders wird diese Bedeutungsleere von Grund auf neu gefüllt. Damit erhält Skateboarding eine Kritikfunktion, die sich gegen die Bedeutungsleere moderner Stadtarchitektur richtet. Skateboarder realisieren und reagieren darauf, dass ein leerer Parkplatz ohne abgestellte Autos oder ein menschen- und pflanzenleerer innenstädtischer Vorplatz nur Form, aber keine Funktion besitzen (vgl. Borden 2001: 184-186). Skateboardfahrer machen jene Formen durch eigene „Codifizierungsprozesse" (Eco) funktional. Indem sie sich nur auf einzelne Elemente wie Geländer, Mauern, Bänke und Simse konzentrieren, negieren sie die Existenz der Architektur in ihrer Gesamtheit und behandeln sie stattdessen als Ansammlung einzelner, isolierter Elemente. Der Unterordnung des Körpers unter Raum und Design setzt der Skater seinen „performative body" (Borden) entgegen, mit dem er die Architektur nach eigenem Belieben reproduziert, als Abfolge von Oberflächen, Texturen und Mikroobjekten (vgl. Borden 2006: 214).

Der Umgang des Skateboarders mit den Objekten der Stadt kommt einer Attacke gleich, die Spuren hinterlässt, welche von dem physischen Kontakt zwischen Skateboard und Gebäude zeugen. Die Kratzer, Farbstreifen und Schleifspuren, die Skateboards an Gebäuden, Bänken und Mauern zurücklassen, die Furchen und Rillen, die durch sie entstehen, stellen eine vergleichsweise winzige, aber nicht unsignifikante Herausforderung der städtischen Architektur dar. Ihren physischen Barrieren, Oberflächen, vorgegebenen Wegen und Wänden und die latente Drohung, dass ein Verstoß gegen Besitzrechte und Ordnungsregeln eine repressive, eventuell gewaltsame Antwort zur Folge hat, wird eine leichte Form von Gewalt und Destruktivität entgegengesetzt. Der Umgang mit der urbanen Architektur geht hier über den Akt des distanzierten Lesens architektonischer Codes heraus und wird zu einer direkten physischen Erfahrung. Gleichzeitig hinterlassen Skater – ähnlich wie Graffitiwriter – ihre Zeichen als Gegenzeichen zu jenen den Objekten der Stadt innewohnenden Codes, welche die Legitimität der Gebäudeeigentümer, Geschäftsleute und Manager gegenüber den anderen Teilnehmern des städtischen Lebens ausdrücken (vgl. Borden 2006: 208-211). Der Skateboarder liest die Stadt in Fiskes Sinne entgegen der dominanten und von Architekten und Stadtplanern beabsichtigten Lesart und beschreibt ihre Oberfläche zudem neu. Das geschieht nicht durch gezielt ausgeübten Vandalismus, sondern entsteht mehr als ein Nebenprodukt ihrer Interaktion mit der urbanen Oberfläche. Diese wird in ihrer Gesamtheit auf die homogene Ebene eines Skateboardterrains reduziert (vgl. Borden 2001: 187).

Für das optimale Management von urbanem Raum nach ökonomischen Gesichtspunkten stellt das Skateboarding einen Störfaktor dar. Es widersetzt sich der von Effizienz und Ökonomie bestimmten Logik der Stadt. Die Irrationalität des Skateboardfahrens ist besonders evident in dem Umstand, dass es zu großen Teilen oberhalb der konventionellen Fortbewegungsebene der Stadt – dem Bürgersteig und der Straße – stattfindet: auf Bänken, Geländern, Mauern und anderen Objekten. Außerdem bewegen sich Skateboarder oft im vertikalen Raum durch Fahrtechniken wie dem ‚Ollie', einem Sprung mit dem Skateboard, oder dem ‚Wallriding', bei dem man für kurze Zeit eine Wand entlangfährt (vgl. Borden 2006: 231-232).

Neben der räumlichen und sozialen Komponente attackieren Skateboarder auch die temporale Logik der Stadt. Die zeitlichen Muster der Stadt und ihrer Räume – die Routinen, Geschwindigkeiten, Verweildauern und Wiederholungen – werden ebenfalls durch den Akt des Skateboardings in Frage gestellt. Skater benutzen Straßen, Plätze und Straßenmöblierung und -ausstattung, welche von anderen Stadtbewohnern nur selten genutzt werden. Skateboarder schaffen ihre eigenen temporalen Muster, wenn sie mit hoher Geschwindigkeit an den vergleichsweise langsamen Fußgängern auf dem Bürgersteig vorbeirollen oder sich länger an innenstädtischen Plätzen aufhalten, während andere nur vorbeihasten. Für die schwieriger nutzbaren Orte der Stadt, Parkplätze von Geschäften und Einkaufszentren oder privatisierte Büroviertel, wird eine andere temporale Taktik verwendet. Hier verlegen die Skateboarder, den präzisen zeitlichen Nutzungsmustern entsprechend, ihre Aktivitäten auf Zeiträume außerhalb der Hauptnutzungsphasen, also auf die Abendstunden oder Wochenenden (vgl. Borden 2001: 187, 190).

Skateboarding sollte nicht als eine Art nostalgischer Verweis auf oder eine Rückkehr zu einer früheren physischen Beziehung zwischen Stadtbewohner und Stadt rezipiert werden. Es handelt sich viel mehr um eine neue Art physischer Beziehung und physischen Vergnügens, welches latent in den Möglichkeiten moderner Stadtarchitektur vorhanden ist. Weitgehend historisch erhaltene Städte, vor allem solche aus dem Mittelalter, gelten aufgrund ihrer Architektur und Oberfläche gemeinhin als ungeeignet für das Skateboardfahren (vgl. Borden 2001: 193). Dementsprechend ist das Skateboarding, wie auch das Graffitisprühen, ein Produkt der modernen Stadt, ohne die es in dieser Form gar nicht existieren würde.

Den Prozessen des Tauschs und des Konsums, welche den urbanen Raum dominieren, setzen Skateboarder nicht nur gelebte Kritik entgegen, sondern stellen dem Tauschwert auch eine Alternative in Form des Nutzwerts gegenüber: „What runs counter to a society founded on exchange is a primacy of *use*." (Lefebvre 1991: 381; Hervorhebung im Original) Urbane Architektur wird nicht konsumiert, sondern entgegen dem ihr zugedachten Sinn aktiv genutzt. Waldvogel fasst die diesbezügliche Wirkung des Skateboardings folgendermaßen zusammen:

> Skateboarding ist eine kritische Taktik, die die Stadt des abstrakten Raums und Tauschs denaturalisiert. Es deutet an, dass eine Veränderung des Konsums dazu beitragen kann, neue, radikale Bedürfnisse zu erkennen, die die Stadt zu befriedigen hat; dass die Auseinandersetzung Veränderung schafft; und es bietet eine Rückkehr zur Kunst nicht als Ästhetizismus, sondern als Anpassung von Zeit und Raum, als Auseinandersetzung mit Objekten, die uneingeschränkt jedem zur Verfügung stehen, nicht als Waren, sondern als gemeinsames Gut sozialer Erfahrung. (Waldvogel 2005: 242)

Anstatt sich von der kommodifizerenden Architektur der Stadt eine Identität als Konsument diktieren zu lassen, stellt der Skateboardfahrer die Frage nach dem Selbst, nicht innerhalb von Metatheorien oder politischen Programmen, sondern durch körperliche Aktivität im alltäglichen urbanen Raum (vgl. Borden 2001: 196). Er wird somit zu einer Art von personifiziertem Zeichen des Widerstands.

3.4 Bewertung

In der subkulturellen Gemeinschaft wird die Freiheit gelebt, auf symbolischen Plattformen Umdeutungen und Rekontextualisierungen vorzunehmen. Wenn die Subkulturanhänger Taktiken entwickeln, um die Zeichen und Codes der dominanten Kultur zu unterwandern und neu zu kodieren, zeigt sich ihr semiotisches Bewusstsein und die pragmatische Energie, welche Eco diesem zuspricht (vgl. Eco 1972: 441-442). Aufgrund jenes semiotischen Bewusstseins, das den subkulturellen Zeichengebrauch auszeichnet, kann man die Mitglieder von Subkulturen nach Winters Auffassung dementsprechend als „Laiensemiotiker" (Winter 2001: 125) bezeichnen.

Im stilerzeugenden Zeichengebrauch der Subkulturen wird die Unkontrollierbarkeit, also Freiheit, von subjektiver Zeichenerzeugung (vgl. Eco 1985a: 153) praktisch erfahren. In der subkulturellen Gemeinschaft wird auf lustvolle und spielerische Art eine eigensinnige oder „deviante" (Kimminich 2007: 56) Nutzung von Zeichen praktiziert und – gewissermaßen als Nebeneffekt – ein Verständnis für die Schaffung und die

Begründung von Kultur erlangt. Angehörige subkultureller Gemeinschaften betreiben „selbstgenerierte Semiose" (Fiske 2003: 91), durch die sie „Bedeutungen des Selbst und für das Selbst" (ebd.) produzieren, welche ihnen von der hegemonialen Kultur verweigert werden.

Angesichts des immer schnelleren Aufgreifens subkultureller Stile und Symbole durch die ‚Coolnessjäger' der Konsumwirtschaft und ihrer darauf folgenden Kommodifizierung (siehe 1.4.3.2) muss jedoch die Frage gestellt werden, welche Relevanz der semiotische Widerstand durch subkulturellen Stil gegenwärtig noch haben kann. Ob Punk, Rocker, Goth oder Emo – der jeweilige Stil, die ästhetische, äußere Umsetzung einer Subkultur, ist auf dem Mode- und Identitätsmarkt nur eine von vielen Optionen, die schon am nächsten Tag gegen eine andere eingetauscht werden kann.

Daher sollte der Fokus dieser Betrachtung zunächst einmal weg vom subkulturellen Stil und stattdessen auf die subkulturellen Aktivitäten gerichtet werden. Die oben beschriebenen Praktiken, zum einen das Anbringen subversiver Zeichen im öffentlichen Raum, durch das die Graffitisprayer die urbane Zeichenhegemonie herausfordern, zum anderen der performative Akt des Skateboardfahrens, durch welchen die Skater die spektakuläre und kommodifizierende Architektur in Frage stellen, sind in ihrer jeweils authentischen, unreglementierten und unorganisierten Form schwerlich für den Markt zu adaptieren. Somit bieten diese Praktiken auch vor dem Hintergrund einer Übernahme subkultureller Stile durch die Modeindustrie noch immer eine temporäre Rückgewinnung von symbolischer Macht und damit auch individueller Handlungsmacht.

Eine besondere Aufwertung erhalten die beschriebenen Praktiken durch den Umstand, dass sie gemäß der städtischen Ordnungsgesetze als illegal (Graffitimalen) bzw. semi-illegal (Skateboarding) gelten. Dem dadurch entstehenden Reiz des Verbotenen liegt das Lustprinzip[25] zugrunde, welches sich laut Fiske in Opposition zum Realitätsprinzip befindet (vgl. Fiske 2003: 95). Der subkulturelle Widerstand „wird so zur Behauptung von Lust über soziale Realität" (ebd.: 93). Lust bewertet Fiske als eine grundlegende Voraussetzung für semiotischen Widerstand:

> […] ökonomischer Widerstand muß einen semiotischen Widerstand hervorbringen, der sein Zentrum in der Herstellung einer neuen Subjektivität

---

25 Für Fiske ist Lust „eine Funktion der Subjektivität, diesem sozial und diskursiv konstruierten Bereich, wo das Bewusste und das Unbewusste des Individuums daran arbeiten, Bedeutungen des Selbst und der sozialen Erfahrung zu konstruieren" (Fiske 2003: 93).

und einen Bruch der alten hat. Ökonomische Beziehungen und semiotische Beziehungen wirken nicht auf der Grundlage des alten Basis-
Überbau-Modells zusammen, sondern in der Erzeugung von Bedeutungen des und für das Subjekt. Wenn diese Bedeutungen solche des Widerstands sind, dann ist Lust ein Hauptmedium ihrer Schaffung. (Ebd.)

Die lustvollen Momente, in denen der Skateboarder oder Graffitimaler
seinen subversiven Aktivitäten frönt und sich vorübergehend frei von
sozialer Kontrolle wähnt, sind zwar meist nur flüchtig, doch können sie,
so Fiske, „sehr wohl einen Rest von Subversion hinterlassen, der [...] im
Subjekt verbleibt" (ebd.: 95).

Die Gemeinschaft, in deren Schoß der Einzelne durch subkulturelle
Aktivitäten ästhetische Erfahrungen macht und seine Kreativität entfalten kann, ist ein weiterer wichtiger Aspekt. Das Zusammenspiel
zwischen kreativem Subjekt und einer offenen Gemeinschaft ermöglicht,
"durch die Partizipation eines sich selbst (er)findenden, gestaltenden
und erlebenden Subjekts" (Kimminich 2007: 58) die Entstehung neuer
"Kulturen und Kulturtechniken" (ebd.). Diese Kulturen absobieren nicht
das Subjekt und seine kreativen Potenziale, sondern stellen ihm
‚Werkzeuge' und Erfahrungsräume für die Erzeugung von Zeichen zur
Verfügung (vgl. Kimminich 2007: 57-58).

In diesem Sinne kann man jugendlichen Subkulturen, zumindest aus
der Perspektive dieser in ihrem Umfang begrenzten Arbeit, auch gegenwärtig noch eine gewisse Relevanz für einen zeichenhaften Widerstand
und in Maßen eine Schutzfunktion vor einer semiotischen Kolonisation
durch den Konsumkapitalismus zusprechen. Das Leben und Handeln in
einer subkulturellen Gruppe kann durch körperliche Selbst- und Ge-
meinschaftserfahrungen vorübergehend Freiräume, „symbolische Inseln
für präsente Körper" (Kimminich 2007: 70), schaffen. Dabei bleibt un-
bestritten, dass die Subkulturen durch zunehmende kommodifizierende
Tendenzen in diesen Funktionen konstanter Schwächung ausgesetzt
sind. In ihrer Gesamtheit stellt die subkulturelle Lebensweise inklusive
Gemeinschaftserlebnissen und angewandten Praktiken dem Identitätsshopping des Markenkonsums jedoch eine der wenigen alternativen
Formen gegenüber, das Bedürfnis – insbesondere junger Menschen –
nach Differenzierung zu befriedigen. Vor allem mit der Subkultur verbundene, lustvolle symbolische Aktivitäten, wie das Skateboardfahren
und Graffitimalen, können hier erfolgreich als Differenzierungsmittel
wirken.

Aus dieser Warte muss der von Heath und Potter geäußerten Kritik,
Subkulturen seien nichts weiter als die nutzlosen Pseudorebellionen
fehlgeleiteter Hedonisten (vgl. Heath/Potter 2005) widersprochen werden. Weder der Skateboarder noch der Graffitimaler geht davon aus,

dass er die Regeln der Stadt oder gar die Gesellschaft an sich ändern könnte. Jedoch wird in beiden Fällen der Versuch unternommen, Kontrolle über die urbanen Zeichen auszuüben und dadurch kulturellen Handlungsraum zurück zu gewinnen. Willis betont dies in seiner Analyse von Jugendkulturen:

> Nur durch eine gewisse kreative Kontrolle und durch die Ausübung symbolischer Fähigkeiten und Möglichkeiten – wie und durch welche Materialien dies auch immer geschieht – werden neue Ansprüche und ein neues Niveau von Handlungsfähigkeit und Kontrolle überhaupt ermöglicht. (Willis 1991: 197)

Da sich der semiotische Widerstand subkultureller Gemeinschaften meist auf eine Abgrenzung der Mitglieder der jeweiligen Gruppe von der dominanten Kultur beschränkt, muss der revolutionäre Aspekt des Widerstandes eingeschränkt werden. Weniger die Attackierung der Zeichen der hegemonialen Kultur ist Anliegen und Sinn subkultureller Lebensweisen, sondern vor allem die Schaffung von Möglichkeiten, sich dieser Hegemonie zu entziehen und in geschützten temporären Enklaven innerhalb der subkulturellen Szene „Selbst(er-)findung und Selbstgestaltung" (Kimminich 2007: 54) betreiben zu können. Als passend erweist sich hier Hagedorns Definition von subkulturellen Jugendkulturen als „Fluchtlinien" (Hagedorn 2008). Der zeichenhafte Widerstand der Subkulturen findet demnach auf sozialer Mikroebene statt und kann in diesem Rahmen für die einzelnen Mitglieder einer subkulturellen Gemeinschaft, die sich hier als ästhetisch kreative Subjekte und ‚Kulturarbeiter' erfahren, durchaus erfolgreich sein.

4 Gezielter semiotischer Widerstand: Culture Jamming

4.1 Culture Jamming

Der Begriff ‚Culture Jamming' wurde erstmals 1985 von Mitgliedern der US-amerikanischen Band Negativeland verwendet, die auf ihren Alben und in einer wöchentlichen Radiosendung mit Ton- und Musikcollagen experimentierten (vgl. Dery 1990). Mit ‚jamming' wird im Englischen unter anderem die gewollte Überlagerung von Radiosignalen durch Lärm auf derselben oder einer nahen Frequenz bezeichnet, eine Technik, die erstmals in den 1930er Jahren Anwendung fand. Auf diese Weise wollte die österreichische Regierung den Empfang von Radioprogrammen der deutschen Nationalsozialisten unterbinden. Später nutzten die Nazis diese Techniken selbst, um zu verhindern, dass auf dem besetzten europäischen Festland Radiosendungen des BBC und anderer alliierter Sender empfangen werden konnten (vgl. Paulu 1981: 380, 389).

Die neue Wortschöpfung Culture Jamming verwendeten die Mitglieder von Negativeland als Sammelbegriff für die Veränderung von Werbeplakaten und andere mediale Sabotageakte. Ein eindrucksvolles Beispiel lieferten die Musiker 1987 in Form einer Pressemitteilung, der zufolge ein mehrfacher Mörder namens David Brom angeblich von einem ihrer Lieder zu seinen Taten angestiftet worden war. Die Redakteure von TV-Nachrichtensendungen und Zeitungen übernahmen die vorsätzlich falsche Information ohne Gegenrecherche und machten die vermeintliche Skandalband somit einem breiten Publikum bekannt (vgl. Dery 1990).

Im massenmedialen Diskurs fand der Begriff Culture Jamming erstmals in einem *New York Times*-Artikel des Journalisten und Medienkritikers Mark Dery Erwähnung, in dem er sich mit den Aktionen von Negativeland und Aktionskünstlern wie Joey Skaggs auseinandersetzte, der Medien und Konsumenten mit abstrusen Werbeversprechen für erfundene Produkte in die Irre führte (vgl. ebd.). 1993 erschien mit Derys Essay „Culture Jamming: Hacking, Slashing and Sniping in the Empire of Signs" der erste Versuch einer theoretischen Annäherung an das Phänomen Culture Jamming. Als theoretischen Referenzpunkt führt Dery die Forderung nach einer ‚semiologischen Guerilla' an, welche Umberto Eco 1967 im Rahmen eines Vortrags formulierte. Eco zufolge sei es der weit verbreitete Fehler – auch von Kommunikationswissenschaftlern – anzunehmen, dass man zur Erringung der Kontrolle über die Macht der Medien die Quelle und den Kanal in der Kommunikationskette kontrollieren müsse. Denn aufgrund der in der Welt der Massenmedien herrschenden Interpretationsvariabilität ist die vermeintlich kontrollierte Botschaft letztendlich nur eine leere Hülle, die der jeweilige Empfänger seiner anthropologischen Situation und seiner Kultur und Sozialisation entsprechend mit Bedeutungen anfüllt (vgl. Eco 1985a: 153). Der Ansatzpunkt muss daher ein anderer sein:

> [...] die Schlacht ums Überleben des Menschen als verantwortlichem Wesen im Zeitalter der Massenkommunikation gewinnt man nicht am Ausgangspunkt dieser Kommunikation, sondern an ihrem Ziel. (Ebd.: 154)

Demnach fordert Eco „Systeme einer ergänzenden Kommunikation" (ebd.), um letztendlich die Adressaten der Medien zu ermächtigen, Kontrolle über die Botschaften und ihre Interpretationsmöglichkeiten auszuüben mit dem Ziel, eine „Konfrontation der Empfängercodes mit denen des Senders" (ebd.) zu erreichen. Funktion jener semiologischen Guerilla wäre es, das Publikum zu einer Diskussion der empfangenen Botschaft zu bewegen und derart die Bedeutung der Botschaft umzudrehen oder doch wenigstens aufzuzeigen, dass für jene Botschaft verschiedene Interpretationsmöglichkeiten existieren (vgl. ebd.: 154-155).

In den von Studenten praktizierten neuen Dissens- und Protestformen der Love-ins und Sit-in-Meetings der 1960er erkennt Eco eine mögliche Vorstufe einer zukünftigen Kommunikationsguerilla.[26] Im Gegensatz zu Alternativmedien soll diese Kommunikationsguerilla sich eher nicht-industrieller Kommunikationsformen bedienen und als eine Ergänzung, eine „komplementäre Manifestation" (ebd.: 156), zur technologischen Massenkommunikation fungieren mit dem Ziel, „eine permanente Korrektur der Perspektiven, eine laufende Überprüfung der Codes, eine ständig erneuerte Interpretation der Massenbotschaften" (ebd.) zu leisten.

Die von Eco und Fiske (siehe 2.2) in diesem Zusammenhang verwandte Guerilla-Metapher gibt einen weiteren Hinweis auf die Natur und den Zweck des Widerstands: Bei Guerillas handelt es sich um kleine paramilitärische Einheiten, die nicht als sichtbares Heer auftreten, sondern aus dem Verborgenen agieren und ihre Standorte ständig wechseln. Einem offenen Kampf mit der übermächtigen Hegemonialmacht wären sie nicht gewachsen. Guerilleros kennen das Terrain und die lokalen Begebenheiten und auf dieser Kenntnis basiert ihre alternative Taktik, lokal und punktuell zuzuschlagen und sich danach wieder zurückzuziehen. Dabei sind sie auf das Einverständnis oder zumindest die Duldung der

---

26 Culture Jamming-Aktionsformen wie die ‚Reclaim the Streets'-Happenings (siehe 4.3.6) und Flashmobs (siehe 4.3.5) kann man als Bestätigung für Ecos damalige Prognose anführen.

Bevölkerung angewiesen (vgl. autonome a.f.r.i.k.a. gruppe/Blissett/Brünzels 2001: 9). Die Macht der Herrschenden soll also durch eine Strategie der Nadelstiche geschwächt und – ganz im Sinne der Bedeutung von ‚jamming' im Radio-Kontext – vorübergehend gestört und überlagert werden. Culture Jamming soll keine Gegenöffentlichkeit schaffe, sondern subversiv innerhalb der bestehenden Kommunikationsstrukturen wirken. Es nutzt diese, aber entzieht sich den vorgegebenen Regeln und Formen und übt derart Kritik.

Culture Jamming soll das Bedeutungsbildungsmonopol der PR-Abteilungen und Marketingfirmen angreifen, es soll das Signal auf seinem Weg vom Sender zum Empfänger stören und neue, unbeabsichtigte und eigenwillige Interpretationen ermöglichen (vgl. Dery 2004). Wendet man Dirk Baeckers Gedanken zu postmoderner Kultur auf Culture Jammer an, so kann man sie als postmoderne Kulturarbeiter bezeichnen, „die Lücken […] suchen, an denen die Kommunikation zum Stottern gebracht werden kann" (Baecker 2001: 75) und dann dort mit ihren Aktionen ansetzen, um Irritation zu erzeugen.

4.1.1 Versuch einer Definition

Eine streng eingrenzende Definition des Phänomens Culture Jamming wird durch dessen inflationären Gebrauch als Oberbegriff für ein Sammelsurium an Strömungen, Gruppen und Praktiken durch Journalisten, Wissenschaftler und die Culture Jammer selbst erschwert. Bereits ein Blick auf die von Dery (2004) aufgelisteten Bewegungen und Aktionsformen, die dem Culture Jamming vorausgingen und als Inspiration dienen, deutet dessen Vielfältigkeit an:

> Jamming is part of a historical continuum that includes Russian samizdat (underground publishing in defiance of official censorship); the antifascist photomontages of John Heartfeld; Situationist detournement […]; the underground journalism of '60s radicals such as Paul Krassner, Jerry Rubin, and Abbie Hoffman; Yippie street theater such as the celebrated attempt to levitate the Pentagon; parody religions such as the Dallas-based Church of the Subgenius; workplace sabotage […]. (Dery 2004)

Lasn (2006) nennt als Wegbereiter und Inspiration der Culture Jammer: „die frühe Punkbewegung, die Hippies in den 60ern, […] die ‚Situationistische Internationale' […] Surrealisten, Dadaisten, Anarchisten" (ebd.: 107) sowie „Yippies, Beatniks, […] Automatisten, Fluxisten und viele andere Visionäre außerhalb des Mainstreams" (ebd.: 108).

Breit gefächert sind auch die Erklärungsansätze für die eigentliche Aktionsform des Culture Jammings. Klein begrenzt Culture Jamming lediglich auf die „Praxis, Werbung zu parodieren und Reklametafeln quasi zu kidnappen und ihre Botschaft drastisch zu verändern" (Klein 2001: 290), eine Definition, die jedoch nur eine Praxisform des Culture Jammings unter vielen erfasst und damit zu kurz greift. Sinnvoller, da allgemeiner gehalten, erscheint Derys Definitionsvorschlag: „Culture jamming [...] is directed against an ever more intrusive, instrumental technoculture whose operant mode is the manufacture of consent through the manipulation of symbols." (Dery 2004) Von Baltes wird als Hauptanliegen der Culture Jammer „der Freiraumschutz, das Zurückdrängen einer von Konzernen aufgezwungenen Aufnahme von Informationen" (Baltes 2004: 177) genannt.[27] In *Culture Jamming – Das Manifest der Anti-Werbung* (2006) liefert Lasn unter anderem die folgende Definition: „Culture Jamming kann man sich als Rebranding denken, als eine Strategie, eine Marke umzukodieren, als eine soziale Kampagne der Umkodierung." (Ebd.: 15) Kleiner schließlich fasst die Ansätze der deutschen Kommunikationsguerilla zusammen als

> Versuch der *aktionsbasierten Störung* alltäglicher Medienkommunikation und Medieninszenierungen bzw. gesellschaftlicher Kommunikationsprozesse sowie als elektronischer Widerstand, u.a. im Hinblick auf das Internet als Aktionsmedium, gegen gesellschaftliche und mediale Hegemonie (Kleiner 205: 321; Hervorhebung im Original).

Auch eine Annäherung an das Phänomen über die Culture Jamming praktizierenden Personen und Gruppen ist wenig Erfolg versprechend, denn eine genaue gesellschaftliche Eingrenzung der Culture Jamming-Aktivisten erweist sich als ähnlich schwieriges Unterfangen wie eine genaue Eingrenzung der Praxis. Die Selbstdarstellung der Adbusters Media Foundation, die das *Adbusters Magazine* für interessierte Culture Jammer herausgibt, lautet:

> We are a global network of artists, activists, writers, pranksters, students, educators and entrepreneurs who want to advance the new social activist movement of the information age. Our aim is to topple existing power structures and forge a major shift in the way we will live in the 21st century. (Adbusters Media Foundation 2008)

Nach Lasns Auffassung sind Culture Jammer

---

27 Die dazugehörige Definition von ‚Freiraum' lautet: „Freiraum war zunächst ein Gegenbegriff zu Siedlungsraum, wird aber nun zunehmend in Verbindung mit sozialen und kulturellen Bedürfnissen in Städten gebraucht, insbesondere mit Erscheinungsformen der Werbung." (Baltes 2004: 177)

ein loses globales Netzwerk. Künstler, Umweltschützer, grüne Unterneh-
mer, Medienaufklärer, Lehrer, ‚Downshifter', die ihr Leben vereinfachen;
wiedergeborene Linke, renitente Schüler, studentische Rädelsführer, Aus-
steiger, Unverbesserliche, Poeten, Philosophen, Ökofeministen. (Lasn
2006: 118)

Das einzige verbindende Element all dieser Gruppen und Einzelpersonen ist die Ablehnung des Konsumkapitalismus und der fortschreitenden Kommerzialisierung der Lebenswelt, gepaart mit einer „streitlusti-
gen Einstellung gegenüber Autoritäten" (ebd.: 107). Während Lasn betont, dass gegenwärtige Culture Jamming-Aktivisten keiner politischen
Strömung angehören und weitgehend ohne politische Ideologie operie-
ren (vgl. ebd.: 126-128), verordnen sich die Mitglieder der deutschen
Kommunikationsguerilla (siehe 4.1.2) jedoch im linken politischen Spek-
trum (vgl. autonome a.f.r.i.k.a. gruppe/Blissett/Brünzels 2001: 5-6).

Es empfiehlt sich daher, Culture Jamming möglichst weit zu definie-
ren als eine von heterogenen Akteuren angewandte Praxis subversiver
Aktions- und Widerstandsformen auf Zeichenebene, die sich in ihrer
Gesamtheit gegen die semiotische Kolonisation der Lebenswelt durch
eine hegemoniale Macht, in diesem Fall den Konsumkapitalismus, ihre
Vertreter und Institutionen richten.

4.1.2 Kommunikationsguerilla

Synonym mit Culture Jamming wird im deutschen Sprachraum auch die
Bezeichnung Kommunikationsguerilla verwendet, die vor allem von den
Mitgliedern der ‚autonomen a.f.r.i.k.a. gruppe' durch zahlreiche Veröf-
fentlichungen – wie dem *Handbuch der Kommunikationsguerilla* (2001) –
geprägt wurde. Was die Herkunft der Guerilla-Metapher betrifft, verweist man hier ebenfalls auf Ecos semiologische Guerilla und außerdem
auf die aus der Studentenbewegung der 1960er entstandene ‚Spassguerilla' um Fritz Teufel. Kommunikationsguerilla soll durch ihre Interven-
tionsformen gesellschaftliche Herrschaftsverhältnisse kritisieren und
attackieren, Legitimität in Frage stellen, geschlossene Diskurse öffnen
und vor allem dort angewandt werden, wo Aufklärung ihre Zielgruppe
nicht erreicht (vgl. autonome a.f.r.i.k.a. gruppe/Blissett/Brünzels 2001:
7-8).

Der Ansatzpunkt für die Aktionen der Kommunikationsguerilleros ist
die „kulturelle Grammatik." Dabei handelt es sich um

das Regelsystem, das gesellschaftliche Beziehungen und Interaktionen
strukturiert. Es enthält die Gesamtheit der ästhetischen Codes und Verhaltensregeln, die das gesellschaftlich als angemessen empfundene Erschei-

nungsbild von Objekten und den normalen Ablauf von Situationen bestimmen. Die Kulturelle Grammatik ordnet die zahllosen, auf allen E-benen einer Gesellschaft sich alltäglich wiederholenden Rituale. Auch ge-sellschaftliche Raum- und Zeiteinteilungen, die Bewegungsformen und Kommunikationsmöglichkeiten vorgeben, sind darin enthalten. (Ebd.: 17-18).

Mit anderen Worten: Kulturelle Grammatik ist die Realisierung der von Gramsci theoretisierten kulturellen Hegemonie (vgl. Kleiner 2005: 333).

Betont wird von den Autoren die demokratische Dimension ihrer subversiven Praktiken gegen die in der kulturellen Grammatik zum Ausdruck kommenden gesellschaftlichen Herrschaftsverhältnisse. Denn Kommunikationsguerilla verbreitet nicht wie alternative Medien zum herrschenden Mainstream gegensätzliche Aussagen, sondern schafft Situationen, in denen Menschen mit den eigenen Erfahrungen und vor allem Widersprüchen ihrer Lebenswelt konfrontiert werden und – bes-tenfalls – zu neuen Denkweisen und Anschlusshandlungen animiert werden (vgl. ebd.: 8). Vor allem geht es „um eine abweichende, dissiden-te Verwendung und Interpretation von Zeichen" (ebd.: 9). Im Mittel-punkt steht nicht die Zerstörung von Zeichen, sondern eine subversive Nutzung der vorgegebenen Kommunikationsstrukturen:

> Während militärische Militanz und Sabotage auf eine Unterbrechung des Kommunikationskanals zielen, begreift Kommunikationsguerilla die For-men der Kommunikation selbst als Herrschaftspraxen. Sie macht sich die Strukturen der Macht zunutze, indem sie ihre Zeichen und Codes ent-wendet und verfremdet. (Ebd.: 10)

4.2 Methoden und Techniken des Culture Jammings

Dem *Handbuch der Kommunikationsguerilla* (2001) zufolge sind die beiden grundsätzlichen Prinzipien, welche die Methoden und Techniken des Culture Jammings beherrschen, die Verfremdung und die Überidentifi-zierung. Die Verfremdung zielt darauf ab, gewohnte Abläufe und Er-scheinungen von Ereignissen, Bildern und Vorstellungen zu ändern und den Kommunikationsprozess durch unvorhergesehene Elemente zu stören. Die dadurch erzeugte Verwirrung soll eine Distanz erzeugen, aus welcher das Normale, der Alltag, in Frage gestellt wird und Widersprü-che und Paradoxien erkennbar werden (vgl. autonome a.f.r.i.k.a. grup-pe/Blissett/Brünzels 2001: 46-47). Das Prinzip Überidentifizierung hat eine ähnliche Zielsetzung, funktioniert aber gegensätzlich zur Verfrem-dung. Hier wird die Distanz völlig aufgegeben zugunsten einer übertrieben starken Identifizierung mit dem herrschenden System, durch welche man dessen Logik unbarmherzig auf die Spitze treibt. Auf diese Art wird auf die verborgenen Kehrseiten und Gegenwerte verwiesen, die in den Haltungen und Werten der herrschenden Ideologie stecken (vgl. ebd.: 54-56). Wie eine Umsetzung dieser beiden Grundprinzipien aussehen kann, wird im Folgenden an den sechs wesentlichen Culture Jamming-Techniken erläutert. [28]

4.2.1 Erfindung (falscher Tatsachen zur Schaffung wahrer Ereignisse)

Ziel dieser Technik ist die Offenlegung von und die Kritik an den Mechanismen, welche „die hegemoniale Produktion medialer und politischer Bilder von Wirklichkeit bestimmen" (autonome a.f.r.i.k.a. gruppe/Blissett/Brünzels 2001: 58). Anstatt die vorherrschende Darstellung bestimmter Themen gezielt mit Gegeninformationen zu kontern, wird die Produktionsweise von Bildern und Nachrichten und damit von gesellschaftlich relevanten Ereignissen durch Medien und Politik an sich attackiert.

Ein beeindruckendes Beispiel für eine derartige Aktion lieferten Friedensaktivisten 1967 in New York. Nachdem sie in Restaurants und Cafes im Namen der Regierung verbreitet hatten, dass der Vietnamkrieg beendet sei, inszenierten sie mit 2000 Jugendlichen ein Freudenfest auf der Straße, an dem selbst die Polizei teilnahm, die eigentlich zur Auflösung der ungenehmigten Versammlung herbeigeeilt war. Dies zwang die amerikanische Regierung zu einem Dementi und dieser Umstand war das eigentliche Ziel der Aktion: Die Handlungsweise der Politiker wurde in offensichtlichen Gegensatz zum Willen der Bevölkerung gesetzt. Die Folge sind eine Diskreditierung und Autoritätsverlust der wahrheitsverbreitenden Instanzen (vgl. autonome a.f.r.i.k.a. gruppe/Blissett/Brünzels 2001: 59-60).

In der jüngeren Vergangenheit wurde eine Aktion mit ähnlichem Ziel, aber anderen Mitteln inszeniert: Eine täuschend echt wirkende Sonderausgabe der renommierten *New York Times* wurde am 12. November 2008 in einer Auflage von 1,2 Millionen Exemplaren in New York, Los Angeles, San Francisco, Chicago, Philadelphia und Washington durch Tausende von Helfern verteilt. Der Inhalt: Die Kriege im Irak und Afghanistan seien komplett beendet und alle Truppen auf dem Weg nach Hause, das Gefangenenlager Guantanamo Bay geschlossen und George

---

28   Zu der Kategorisierung von Culture Jamming-Techniken muss angemerkt werden, dass die Grenzen zwischen den einzelnen Methoden fließend und in der Praxis meist Mischformen der unterschiedlichen Techniken vorzufinden sind, was auch die weiter unten angeführten Beispiele illustrieren.

W. Bush sähe einer Anklage wegen Hochverrats entgegen. Des Weiteren sollen Obergrenzen für Managergehälter eingeführt werden, die großen Ölkonzerne verstaatlicht und gesetzliche Krankenversicherungen bald Realität sein (vgl. Chan 2008). Begleitet wurde die angebliche Sonderedition von einer Internetseite (http://www.nytimes-se.com), die ebenfalls dem Original nachempfunden war. Die Verbreitung erfundener Tatsachen funktioniert am besten durch eine derartige Nutzung der Glaubwürdigkeit und Autorität einer anerkannten Instanz. Aufgegriffen wurde diese Idee hierzulande durch das globalisierungskritische Netzwerk Attac in Form einer optisch perfekt gefälschten Version der Wochenzeitung *Die Zeit*, die im März 2009 in 90 deutschen Städten verteilt wurde (vgl. Spiegel 2009: 14). Verlautbart werden in dieser *Zeit*-Ausgabe unter anderem die Verstaatlichung von Banken, die Übernahme des wirtschaftlich angeschlagenen Autounternehmens Opel durch seine Belegschaft, ein neues Eindämmungsgesetz gegen Lobbyisten und die Abschaffung der Massentierhaltung. Die Kritik an der Nachrichtenproduktion findet sich in deutlichster Form im Editorial, wo der ‚Chefredakteur' bekennt: „Unsere Philosophie war lange: Meinungen gestalten statt investigativ zu berichten" (Trocken 2009: 2) und dass sich die Macher der Zeit „doch mehr als Teil der Macht verstanden denn als ihr kritischer Gegenpart" (ebd.).[29]

Eine abgeänderte Variante der Erfindung sind erfundene Verlautba-rungen, die nicht nur in der Form, sondern auch inhaltlich zutreffen, jedoch nicht vom vorgeblichen Verfasser stammen. Dies eignet sich be-sonders, wenn die betroffene Partei oder das betroffene Unternehmen bestimmte Aussagen aus taktischen Gründen vermeidet (vgl. autonome a.f.r.i.k.a. gruppe/Blissett/Brünzels 2001: 61-62).

4.2.2 Camouflage

Als Camouflage bezeichnet man die Tarnung oder Verkleidung von dissidenten Inhalten durch Nutzung der herrschenden Formen ästheti-scher Ausdrucksmittel und Sprechweisen. Zweck ist die Überwindung von Kommunikationsbarrieren, das Ansprechen und Erreichen von Menschen, die sich dem Thema oder der Aktion ansonsten nicht stellen würden (vgl. autonome a.f.r.i.k.a. gruppe/Blissett/Brünzels 2001: 63). Radikal empfundene Inhalte sollen als eine Art ‚Trojanisches Pferd', als

---

29 Die Aktionen mit den gefälschten Zeitungen verdeutlichen auch anschaulich die Vermischung verschiedener Culture Jamming-Techniken: Neben der Erfin-dung (falscher Tatsachen zur Schaffung wahrer Ereignisse) kamen hier auch die Camouflage- und die Fake-Technik zum Einsatz.

harmlose, bekannte und leicht konsumierbare Darbietungsform, in die Mitte der Gesellschaft transportiert werden.

Im musikalischen Bereich versteht sich vor allem die britische Band Chumbawamba (siehe http://www.chumba.com), deren Mitglieder sich selbst als Anarchisten bezeichnen, darauf, linksradikale kapitalismus- und gesellschaftskritische Texte in eingängige, radiotaugliche Popmusik zu verpacken. So wird der ungewarnte Musikhörer zu harmonischen Klängen mit Konsumkritik konfrontiert: „No one is safe outside the shopping centres. Reality is just an MTV buzzword. We are all just a target audience. Bigger choice of identical things." (*Seven Days*) Noch größeren Erfolg feiern die amerikanischen Rockbands System of a Down (siehe http://www.systemofadown.com) und Rage Against the Machine (siehe http://www.ratm.com), die ähnliche Camouflage-Strategien verfolgen. Themen wie neoliberale Wirtschaftspolitik, Privatisierung, Kulturimperialismus und die Verflechtung von Politik und Waffenindustrie dominieren die Liedtexte von Rage Against the Machine; die harte, mit Rap- und Funkelementen gemischte Rockmusik spricht weltweit ein Millionenpublikum an, was sich in den Albenverkäufen widerspiegelt. Kritiker, die der Band ob ihres Plattenvertrags mit einer Tochterfirma des Konzerns Sony Scheinheiligkeit vorwerfen, entkräften die Bandmitglieder mit Argumenten ganz im Sinne von Fiske:

> When you live in a capitalistic society, the currency of the dissemination of information goes through capitalistic channels. Would Noam Chomsky object to his works being sold at Barnes & Noble? No, because that's where people buy their books. We're not interested in preaching to just the converted. It's great to play abandoned squats run by anarchists, but it's also great to be able to reach people with a revolutionary message, people from Granada Hills to Stuttgart. (Rage Against the Machine 26.7.2009)

Populärkultur wird hier genutzt, um mit subversiven Botschaften semiotischen Widerstand zu leisten und die Kommunikationskanäle des herrschenden Systems verbreiten diese Kritik.[30]

4.2.3 Fake

Bei einem Fake handelt es sich, ganz im Sinne der englischen Wortbedeutung, um eine besondere Art von Fälschung. Dokumente mit ge-

---

[30] Ein anschauliches Beispiel für die Camouflage-Technik der Band ist die auf DVD veröffentlichte Konzertdokumentation *The Battle of Mexico City*, bei der das aufgezeichnete Konzert gemischt ist mit einer politischen Dokumentation und einem kritischen Interview des Rage Against the Machine-Sängers Zach de la Rocha mit Noam Chomsky zum Thema Freihandel.

fälschten Briefköpfen, falsche Hinweisschilder, Flugblätter, Plakate oder sogar vorgebliche Sprecher eines Unternehmens, einer Partei oder einer Behörde.

„Ein gutes Fake verdankt seine Wirkung dem Zusammenwirken von Imitation, Erfindung, Verfremdung und Übertreibung herrschender Sprachformen" (autonome a.f.r.i.k.a. gruppe/Blissett/Brünzels 2001: 65). Der Unterschied zur gewöhnlichen Fälschung liegt aber darin, dass man mit dem Fake nicht primär darauf abzielt, sich selbst Vorteile zu verschaffen oder eine unmittelbare materielle Wirkung zu erzielen, sondern einen Kommunikationsprozess auszulösen, welcher als Anschlussreaktion auf die Aufdeckung des Fakes beginnt.

Foucault (2001) machte die „Ordnung des Diskurses", welche in der Gesellschaft zulässige Aussagen und Sprecher legitimiert, als grundlegendes Element von Machtausübung aus. Fakes zielen auf diese diskursiv ausgeübte Macht ab, sie stören deren Funktionsprinzip und Legitimation durch inkorrekte, abgeänderte oder sinnlose Informationen unter den offiziellen Insignien der dominanten Instanz. Das angestrebte Ziel ist eine Freilegung „der diskursiven Prozesse [...], in denen sich Macht konstituiert und reproduziert" (autonome a.f.r.i.k.a. gruppe/Blissett/Brünzels 2001: 66). Die verdeckten diskursiven Strukturen werden offenbar. Somit wird auf die selbstverständliche Akzeptanz der dominanten Diskurse hingewiesen und dass diese mitnichten so zwingend sein müssen, wie es die Machthaber darstellen. Durch Verwendung von Zeichen, die eigentlich den Institutionen der Macht vorbehalten sind, wird das Fake auf den ersten Blick legitimiert. Bei diesen Zeichen kann es sich um Stempel, Briefköpfe, Titel oder das genutzte Medium selbst handeln.

Seinen Effekt erzielt ein Fake, wenn die Beziehung zwischen Autor und Text wegen des Widerspruchs, der Übertreibung oder der Sinnlosigkeit der Aussage in Frage gestellt wird. Dies führt bestenfalls zu einem Reflexionsprozess über die Sprache der Macht. Voraussetzung ist aber, dass der Tonfall und die Rhetorik der Macht perfekt imitiert werden.

> Besonders gut beherrschen den Tonfall der Macht diejenigen, die sich im Umfeld und am Rande der Herrschenden bewegen. [...] In diesem Sinne ist das Fake eher eine Praxisform von Mittelklassendissidentinnen [...]. Das Fake funktioniert dann vielleicht am besten, wenn sich die Identitäten der Faker und der Gefakten berühren. (autonome a.f.r.i.k.a. gruppe/Blissett/Brünzels 2001: 68)

Um zu funktionieren, müsste ein Fake also sowohl eine relativ gute Fälschung sein, als auch letztendlich als solche aufgedeckt werden, um den erhofften Kommunikationsprozess auszulösen. So glichen beispielsweise die von Attac-Aktivisten vor Lidl-Filialen verteilten Flyer, die das Aussehen der Lidl-Werbeprospekte imitierten, aber Hintergründe über die Billigpreise und Angestelltenpolitik der Lebensmitteldiscounterkette enthüllten, den Originalen so stark, dass viele Kunden sie zum Leidwesen der Aktivisten für ‚normale' Werbung hielten und ungelesen wegwarfen (vgl. März 2007: 147). Ein Fake, das nicht erkannt wird, ist nicht nur zwecklos, sondern kann den imitierten Machtdiskurs noch verstärken, wenn ein jeder ohne Widerspruch den Inhalt des Fakes akzeptiert und befolgt. Funktionierende Fakes lösen zuerst Fragen über ihre Aussage im Inneren des Rezipienten und schließlich Rückfragen an die als verantwortlich angenommene Institution aus (vgl. autonome a.f.r.i.k.a. gruppe/Blissett/Brünzels 2001: 68-70).

Ein anderes Zeichen für den Erfolg eines Fakes ist das Dementi von Seiten der Machthaber. Dieser Versuch, die gestörte Diskursordnung wiederherzustellen, vermittelt den Menschen zum einen die Botschaft, dass ihnen nicht zugetraut wird, ein Fake selbst zu erkennen, und zum anderen sorgt es in vielen Fällen für eine noch größere mediale Verbreitung des Fakes. Dies umgeht geschickt den fehlenden Zugang zu den Massenmedien, über den die Dissidenten meist nicht so einfach verfügen, große Unternehmen und Behörden hingegen schon (autonome a.f.r.i.k.a. gruppe/Blissett/Brünzels 2001: 72-73). Auch gefakte Dementis selbst können gezielt eingesetzt werden.

> So könnte durch ein gefaktes Dementi in den Medien, das sich in einem beliebigen Atomkraftwerk kein Störfall ereignet habe, mehr Zweifel über seine Sicherheit erzeugt werden, als wenn über dieses Atomkraftwerk nicht berichtet würde. (Kleiner 2005: 347)

In Hinsicht auf Fälschungen warnt Eco (1985b) jedoch vor einem Übermaß. Bei einer zu starken Verbreitung der Gewohnheit, den gesellschaftlichen Minimalkonsens der Ehrlichkeit zu missachten, erfolgt nämlich der Zerfall der Gesellschaft. Durch ein Übermaß an Fälschungen werden nicht die Machtverhältnisse zerstört, sondern die Überlebensbedingungen der gesellschaftlichen Gruppe selbst (vgl. ebd.: 167).

4.2.4 Subversive Affirmation

Diese Culture Jamming-Technik besteht darin, Aussagen oder Regeln scheinbar zuzustimmen, diese Zustimmung aber in einer hochgradig übertriebenen Weise vorzutragen. Die Übertreibung schafft Distanz und verkehrt die augenscheinliche Bestätigung somit ins Gegenteil. Dieses

Vorgehen eignet sich vor allem für Podiums-, Fernseh- und Radiodiskussionen, Wahlkampfveranstaltungen und Demonstrationen.

Auch Zeitpunkt und Ort, an denen die subversive Affirmation eingesetzt wird, können entscheidend für deren Wirkung sein. Klatschen oder Jubeln vermeintliche Anhänger bei einer Rede in unpassenden Momenten und behindern damit den Fortgang dieser Rede, wird die affirmative Funktion des Beifalls in ihr Gegenteil verkehrt.

> Die Verfremdung durch subversive Affirmation basiert also darauf, dass die falschen Leute das ‚Richtige' tun, oder dass das ‚Richtige', d.h. das Normale, Erwartbare im falschen Moment oder am falschen unangemessenen Ort geschieht." (autonome a.f.r.i.k.a. gruppe/Blissett/Brünzels 2001: 82)

Die subversive Affirmation kann durchaus stark parodistische Züge tragen. So tritt in Deutschland seit 2004 eine Gruppe namens ‚Front Deutscher Äpfel' [FDÄ] wiederholt bei Demonstrationen rechtsradikaler Gruppierungen in Erscheinung. Mit den zur Schau getragenen dunklen Anzügen, den roten Armbinden und Fahnen werden die Mitglieder der FDÄ auf den ersten Blick klar in die Kategorie ‚Neonazi' eingeordnet. Bei den schwarzen Symbolen, die in einem weißen Kreis auf den Fahnen und Armbinden platziert sind, handelt es sich bei genauerem Hinsehen jedoch um Äpfel, was zusammen mit Parolen wie „Südfrüchte raus!" und „Was gibt der deutschen Jugend Kraft? Apfelsaft, Apfelsaft!" schnell den wahren, parodistischen Charakter der Darbietung enthüllt (vgl. Hedtke 2008, siehe auch http://www.apfelfront.de). Wirksamer ist die Technik der subversiven Affirmation aber, wenn sie „eine oszillierende Wahrnehmung bewirkt" (autonome a.f.r.i.k.a. gruppe/Blissett/Brünzels 2001: 81). Die Übertreibung muss verwirren und verunsichern, darf aber zugleich nicht zu eindeutig und einfach als Subversion auszumachen sein. Die Gefahr besteht dann jedoch wie schon bei unidentifizierten Fakes darin, dass die übertriebene Affirmation unter Umständen nicht als Verfremdung wahrgenommen wird und ihre Wirkung dahin umschlägt, dass die herrschenden Verhältnisse noch bestätigt werden (vgl. ebd.).

4.2.5 Collage und Montage

Die ursprünglich im Kunstbereich entwickelte Technik der Collage besteht darin, Ungleiches und Unzusammenhängendes zu einem neuen, semantisch mehrdeutigen Gebilde zu formen. Dabei werden Gemaltes, Ausgeschnittenes oder auch Papierfetzen mit Wortfragmenten, Stoff- oder Holzstückchen durch Aufkleben zu einem neuen Ganzen zusammengefügt. Durch die Uminterpretation und sinnentstellende Verwendung der einzelnen Teile sollen selbstverständliche Wahrnehmungsmuster aufgebrochen werden. Auch in der Literatur kommen Collagetechniken zum Einsatz, um Unzusammenhängendes und nicht Zusammenpassendes zu poetisieren[31] (vgl. autonome a.f.r.i.k.a. gruppe/Blissett/Brünzels 2001: 85-86). Guy Debords 1957 veröffentlichtes Buch *Mémoires* war sogar vollkommen in Collagetechnik erstellt: ausgeschnittene Textpassagen, Sätze und Satzteile aus Büchern und Zeitungen, Fotografien, Annoncen, Stadtpläne, Grundrisse von Gebäuden, Cartoons und Reproduktionen von Holzschnitten und Stichen, alles überzogen von Pinselstrichen und Farbklecksen und in einen Einband aus grobem Sandpapier geschlagen, welcher in einem Bücherregal andere Bücher beschädigen sollte (vgl. Marcus 1996: 157).

Das subversive Potenzial dieser Kombination von Fragmenten aus unterschiedlichen Kontexten liegt darin, neue Bedeutungszusammenhänge herzustellen. Wird in einer Collage beispielsweise die Beteuerung eines Unternehmens, es würde sich um Umweltschutz bemühen, direkt ein Bild gegenübergestellt, welches das Gegenteil beweist, wird die positive Selbstdarstellung aufgebrochen und delegitimiert. Sinnvoll ist es hier, die noch spezifischere kunstwissenschaftliche Unterscheidung zwischen Collage und Montage zu verwenden. Während bei Collagen das Zufällige im Vordergrund steht, so sind Montagetechniken „zielgerichtete und bewusste Formen politischer Agitation" (autonome a.f.r.i.k.a. gruppe/Blissett/Brünzels 2001: 86).

4.2.6 Entwendung/Umdeutung

> Wir sollten die moderne Kultur nicht ablehnen, sondern in unseren Besitz bringen, um sie zu verneinen. (Debord 1980: 38)

Die von Guy Debord erstmals theoretisierte Verfremdungstechnik der Entwendung/Umdeutung (siehe 2.1) besteht darin, bekannte Dinge oder Bilder aus ihrem gewohnten Kontext zu reißen und in eine neue Relation zu setzen. Dies kann visuell durch Montagen (siehe 4.2.5) geschehen, kann sich aber auch auf Begriffe oder Sätze beschränken. Parodistische Darbietungen fallen ebenfalls in diese Kategorie, wenn die Form oder der Inhalt eines Textes aus dem ursprünglichen Zusammenhang gerissen und in neuem Kontext verwendet werden, in dem sie nun eine kritisierende Wirkung haben. Künstler wie Marcel Duchamp und Joseph

---

31 Der Schriftsteller Walter Kempowski stellte beispielsweise mittels Collage-Technik aus dem biografischen Material unterschiedlicher Menschen sein zehnbändiges Buchprojekt *Echolot* zusammen.

Beuys nutzten die Entwendungsmethode als Mittel der Kunstkritik (vgl. autonome a.f.r.i.k.a. gruppe/Blissett/Brünzels 2001: 87).

Die drei Hauptzwecke von Entwendung/Umdeutung sind die Abwehr gegnerischer Angriffe, das Lächerlichmachen des Gegners und die Verbreitung anderer Lesarten von Realität. Vor allem der Sprache kommt hier eine wichtige Rolle zu, nicht nur als Kommunikationsmittel. Ihre Strukturen selbst gilt es zu verletzen, zu entwenden oder umzudeuten. Sprache beziehungsweise Zeichen müssen zum einen als stabilisierendes Ordnungssystem der herrschenden Verhältnisse hervorgehoben und zum anderen in ihrer Funktion als symbolische Fundamente dieser sozialen Ordnung angegriffen werden (vgl. autonome a.f.r.i.k.a. gruppe/Blissett/Brünzels 2001: 89-90).

> Eine subversive Sprache hat das Ziel, die offizielle Darstellung der Realität zu widerlegen, das Bild der Welt zu verrücken und die Koordinatentafel der Wahrheiten in Unordnung zu bringen, indem sie die institutionellen Codes unterläuft. (Ebd.: 90)

Das Unausgesprochene im ursprünglichen Text soll im Mittelpunkt der umgedeuteten Version stehen. Vor allem in der Parodie wird die Aufmerksamkeit des Zuhörers beziehungsweise Zuschauers auf das Ungesagte gelenkt, wenn er das Original mit der umgedeuteten Version der Parodie vergleicht und der Konfrontation der beiden Sprachstile gewahr wird (vgl. autonome a.f.r.i.k.a. gruppe/Blissett/Brünzels 2001: 91).

4.3 Formen des Culture Jammings in der Praxis

4.3.1 Sniping

Diese Aktionsform verdankt ihre Bezeichnung dem englischen Begriff für Heckenschützen, ‚Sniper'. Culture Jammer und Kommunikationsguerilleros bezeichnen sich unter anderem auch als „semiotische Heckenschützen" (autonome a.f.r.i.k.a. gruppe/Blissett/Brünzels 2001: 91), die aus dem Hinterhalt, vor allem im Schutz der Nacht, Zeichen und Symbole anbringen, mit denen Werbeplakate, Gebäudewände, Denkmäler oder Schilder umgestaltet und verfremdet werden. Vor allem Werbetafeln werden häufig zum Ziel der Sniper. Hier wird die der Werbung eigene Aussagekraft genutzt, indem durch Weglassen oder Hinzufügen von Wörtern oder Details ein neuer Inhalt entsteht. Dies beginnt bei der allseits bekannten Verzierung von Politikerkonterfeis auf Wahlkampfplakaten mit dem Hitlerschnurrbart und reicht bis zu aufwändigen, künstlerischen ‚Bildkorrekturen'. Kleine Eingriffe können hier bereits die

Botschaften der kommerziellen Bilderwelt außer Kraft setzen oder gar umdrehen.

Erste Schritte von Plakat-Snipern richten sich oft gegen die glatten, am Computer nachbearbeiteten, lächelnden Visagen auf den Plakaten, die durch das Aufmalen von Zahnlücken und Pickeln ergänzt werden. Für einfache inhaltliche Verfremdungen reicht oft auch schon das Auswechseln von Buchstaben: Der Firmenname Shell wird zu ‚Hell', Calvin Klein zu ‚Calvin Klone' und General Motors zu ‚General Morons'. Ein nächster Schritt ist die Ersetzung ganzer Wörter und Sätze. Im Juni 2004 wurde ein gigantisches Werbebanner der Berliner Bank, das an einem Baugerüst vor der Berliner Marienkirche prangte, entsprechend bearbeitet. Aus dem Slogan ‚Wir sind ihre persönliche Bank' wurde mit Hilfe eines Banners, das mit Buchstaben derselben Größe und desselben Schrifttyps bedruckt war, ‚Wir sind Ihr Bankenskandal' (vgl. Attac Marburg 2004). Andere Plakat-Sniper gehen noch einen Schritt weiter, beispielsweise der New Yorker Künstler Jorge Rodriguez de Gerada, welcher die Reklametafeln komplett von den Werbeplakaten befreit, die Grundfläche bemalt und aus den Resten der Plakate einen Rahmen um diese Bilder herum klebt (vgl. Klein 2001: 289).

In den USA widmet sich die Billboard Liberation Front bereits seit 30 Jahren der Modifizierung von plakatierten Werbebotschaften. Auf der Homepage der Gruppe erklärt ein Sprecher mit dem Pseudonym ‚Jack Napier' die Zielsetzung ihrer Aktivitäten:

> Each ‚viewer' who sees enough billboard ‚improvements' might eventually get the idea that each and every brand and/or ad slogan is his/hers to modify (if only in their imagination). Once you change the message, it becomes yours. (Billboard Liberation Front 16.7.2009)

Auch das New Yorker Toyshop Collective operiert in diesem Sinne, wenn es im Rahmen von ‚Billboard Events' oder ‚Train Runs' innerhalb einer Nacht alle Werbeplakate auf einer Straße oder in unbewachten U-Bahnen und Haltestellen entfremdet. Die Berliner Aktivistengruppe Freaksgalerie machte 2003 in einer nächtlichen Aktion zuerst die Texte aller Werbeplakate rund um den Alexanderplatz unleserlich und transformierte die Werbeträger somit zu bloßen, ihrer ursprünglichen Aussage beraubten Bildern, um sie dann einige Tage später mit eigenen Botschaften zu versehen (vgl. Schmidt 2008: 148).

4.3.2 Street Art

Die semiotische Besetzung beziehungsweise Rückeroberung des städtischen Raums kann ebenfalls das Ziel von Sniping sein. Dies geschieht vor allem durch Graffitis (siehe 3.1). Verwandt mit diesen sind die, meist per Schablonen aufgesprühten Street Art-Bilder, welche Innenstädte in Freiluftgalerien verwandeln. „*Street Art* kann am ehesten als illegale, urbane Kunst bezeichnet werden, die unerlaubt in den Stadtraum und seine Architektur eingreift." (Schmidt 2007: 145, Hervorhebung im Original) Im Gegensatz zu Graffitis werden hier jedoch Bilder gegenüber Buchstaben bevorzugt und auf Interaktion und Kommunikation mit den Betrachtern wird großer Wert gelegt. Street Art ist laut Strehle „Straßenkunst mit Aufklärungsanspruch" (2008: 15).

Neben den bereits erwähnten, per Spraydose aufgetragenen Schablonengrafiken umfasst Street Art so unterschiedliche Techniken und Werkzeuge wie Stempeldrucke, Skulpturen, Aufkleber, Farbrollen, Mosaike, Kreidezeichnungen, Installationen oder mit Teer aufgetragene Zeichen. Diese Verschiebung vom Schriftlichen zum Bildlichen resultiert in leichterer Lesbarkeit für Betrachter von außerhalb der Szene; die Arbeiten der Street Art-Aktivisten sollen im Gegensatz zu Graffitis verstanden und interpretiert werden. Hier wird der von Baudrillard postulierte ‚Aufstand der Zeichen' demnach um einen potenziellen Dialog erweitert. Dies macht die Eingriffe in das Stadtbild in gewissem Sinne weniger radikal als Graffitis. Mit der Verschiebung der Form findet auch eine Verschiebung der Akzentuierung illegaler, urbaner Kunst statt. Statt Vandalismus zwecks Infragestellung des Zeichenregimes der Stadt, ist das Ziel der Kontakt zu anderen entfremdeten Bürgern. Anzumerken ist hierbei, dass diese Dialogbereitschaft nur eine allgemeine Tendenz innerhalb der Street Art-Kultur darstellt. Im Rahmen der Bildersprache der Street Artists existieren auch Zeichen, die vom Betrachter von außerhalb der Szene nicht verstanden werden sollen und können (vgl. Schmidt 2007: 145-148).

Die am stärksten Aufmerksamkeit erzeugenden Wandbilder sind aber relativ leicht lesbar und spielen oft mit Widersprüchen, wie die Arbeiten des britischen Street Artist mit dem Pseudonym Banksy: Zwei sich küssende männliche Polizisten, ein Mädchen, das liebevoll eine Bombe oder einen Fernseher umarmt oder ein vermummter Autonomer, der einen Blumenstrauß wie ein Molotowcocktail schleudert (vgl. Nedo 2007, siehe auch Banksy 2006). Meist werden die architektonischen Gegebenheiten, wie Gebäudefassaden oder Mauern, die nähere Umgebung, die Symbolkraft eines Ortes oder eines angebrachten Markenlogos mit in das Werk einbezogen. Der kanadische Street Artist Roadsworth begann beispielsweise aus Protest gegen die schlechten Bedingungen für nicht motorisierte Verkehrsteilnehmer in seiner Heimatstadt Montreal damit, eigenständig Radwege aufzumalen. Daraus entwickelte sich in den nächsten Jahren eine künstlerische Kritik an der Autokultur an sich, welche immer mit dem vorhandenen Straßenbild und den aufgezeichneten Straßenmarkierungen spielte und interagierte: aufgemalter Stacheldraht vor Zebrastreifen und Fußgängerwegen; Spurlinien, welche von den gezackten Linien eines Elektrokardiogramms unterbrochen werden; selbst gestaltete Zebrastreifen in der Form von Patronenhülsen oder gigantischen Fußabdrücken (siehe http://roadsworth.com).

Die Subversivität dieser Art von Aktionskunst ist jedoch nur so lange gewährleistet, wie es sich um einen illegalen Akt handelt, mit dem die Spielregeln der Architektur, der Städteplaner und Gebäudeeigentümer gebrochen werden. Legale, öffentlich geförderte Fassadengestaltung durch Sprayer entschärft die subversive Wirkung von Street Art und ist in dieser Hinsicht wirksamer gegen sie als jedwede Repression (vgl. autonome a.f.r.i.k.a. gruppe/Blissett/Brünzels 2001: 100). Damit die Bedeutung von Street Art sich nicht auf die eines subkulturellen Standortfaktors beschränkt, ist es nötig, sie auch über die Grenzen des eigenen Lebensumfelds, des eigenen Viertels, hinauszutragen und die Eingriffe in die urbane Zeichenwelt auf die gesamte Stadt auszuweiten – vor allem auf Stadtgebiete, in denen eine Verdrängung der Bewohner und der Stadtkultur zugunsten eines funktionalen, von Verwertungsprinzipien durchdrungenen Raums bereits stattgefunden hat, wie Einkaufspassagen, Shopping Malls und Bahnhöfen (vgl. Schmidt 2007: 152).

4.3.3 Subvertising

> Any advertisement in public space that gives you no choice whether you
> see it or not is yours. It belongs to you. It's yours to take, re-arrange and
> re-use. Asking for permission is like asking to keep a rock someone just
> threw at your head. (Banksy 2006: 196)

Bei Subvertising[32], einer Wortkreation aus den englischen Begriffen ‚advertising' und ‚subversive', handelt es sich um die Herstellung und Verbreitung von „Anti-Werbung" (Lasn 2006) oder Werbeparodien, was vor allem in den USA, Kanada und Australien eine verbreitete Aktionsform ist. Bekannte Anzeigenbilder, das Design und die Inhalte von Werbekampagnen werden entwendet und verfremdet, indem die ursprünglichen Botschaften abgeändert werden. Beschränkt sich diese Technik auf die Umdeutung einzelner Werbeträger wie Reklametafeln, die direkt bearbeitet werden, überschneidet sie sich mit der Sniping-Methode. Eine

---

32 Synonym wird oft auch der Begriff ‚Adbusting' oder ‚Ad-Busting' verwendet.

andere Form des Subvertisings sind jedoch professionell gestaltete Werbemittel, Plakate, Postkarten oder gar Fernsehwerbespots. In ihnen werden Produkte lächerlich gemacht, abgewertet oder Informationen über Wirkungen, Nebenwirkungen oder Herkunft des Produkts hinzugefügt (vgl. autonome a.f.r.i.k.a. gruppe/Blissett/Brünzels 2001: 104-105). Eine gut gemachte Anti-Werbung imitiert das Aussehen der Anzeige und das Emotionsmanagement der Werbekampagne. Sie weckt dadurch falsche Erwartungen beim Rezipienten, die sie dann in einem Überraschungsmoment nicht erfüllt, und stellt somit „das leere Innenleben des Spektakels" (Lasn 2006: 135) zur Schau. Auf diese Weise profitiert die Anti-Werbung auf eine Art parasitäre Weise von dem Aufmerksamkeitspotenzial, welches das betroffene Unternehmen vorher für sein Produkt und seine Marke gesammelt hat.

Subvertising ist demnach mehr als die ‚klassische' Anti- oder Gegen-Werbung, wie man sie aus Satiremagazinen kennt. Während mit jener nämlich auf frontale, zynische und eher grobe Art angestrebt wird, die Werbeaussage einer Marke durch ein Gegenbild zu konterkarieren, werden beim Subvertising die Codes der Marke auf subtile Art umgewandelt und ins Negative verschoben (vgl. Horx 1995: 431). So veröffentlichte die Aktivistengruppe Adbusters ein Anti-Werbevideo, das den Stil, Schnitt und die Tongebung der Werbevideos für die Parfümmarke Obsession des Unternehmens Calvin Klein kopiert. In diesem Fall befinden sich unter den eingeblendeten Schlagworten jedoch auch Begriffe wie ‚infatuation' und ‚preoccupation', das posierende männliche Model wirft schließlich einen zweifelnden Blick in seine Unterhose und die vermeintliche erotische Pose des weiblichen Models entpuppt sich als das Erbrechen einer Bulimikerin über einer Toilette. Durch derartige Kontrastierung der Markenwelt mit der Realität, das Hinzufügen erfundener Attribute oder die Steigerung einer Markenwerbung ins Groteske wird auf eine Destabilisierung gezielter Markenkommunikation, welche Vertrauen und den Aufbau einer Markencommunity leisten soll, hingearbeitet (vgl. Baltes 2004: 174-175).

Mittlerweile nutzen auch konsum- und unternehmenskritische NGOs wie Greenpeace oder Attac Subvertising im großen Stil innerhalb von Protestkampagnen, um die gewohnten Wahrnehmungsmuster der Betrachter beziehungsweise Konsumenten zu durchbrechen und die kommerziellen Werbebotschaften politisch und moralisch aufzuladen. Je höher der Symbolwert des attackierten Unternehmens dabei ist, desto höher ist die Medienresonanz (vgl. Baringhorst/Kneip/Niesyto 2007: 120).

Verwandt mit dem Subvertising ist die Aktionsform des Shopdropping, eine Umkehr des englischen Worts ‚shoplifting', also des Ladendiebstahls. Anstatt in einem Geschäft Ware zu stehlen, werden vom Aktivisten heimlich veränderte Verpackungen oder komplett selbst kreierte Produkte mit modifizierten oder neuen, individuellen Botschaften und Designs in den Regalen ausgelegt. Shopdropping, so der Aktionskünstler Ryan Watkins-Hughes, sei eine Möglichkeit, den profanen kommerziellen Prozess zu unterbrechen, indem die Abfolge von sich wiederholenden Warenverpackungen durch individuelle Designs unterbrochen wird (vgl. Watkins-Hughes 2007).

4.3.4 Umnutzung des öffentlichen Raums

Durch die Aktionsform des ‚Happenings' wird mittels theatralischer Elemente der öffentliche Raum zur Bühne einer Darbietung gemacht, welche die gegebenen Verhältnisse attackieren soll. Soziale Normen und hegemoniale Diskurse sollen konkret überschritten, die Rollenverteilung zwischen Akteuren und Publikum aufgehoben und die herrschenden Verhältnisse von Öffentlichkeit kritisiert werden. Die Geschichte der Happenings reicht bis in die 1960er Jahre zurück, als Gruppierungen wie die Situationistische Internationale und die Yippies verschiedene Formen symbolischer Intervention in ihre Proteste einführten, die im Gegensatz zu den gegebenen, streng durchorganisierten Demonstrationsritualen standen. Weitergeführt wurde das Happening-Konzept in den 1970ern von der italienischen Autonomia und der deutschen Spassguerilla in den 1980ern. Von Störaktionen, Sit-ins und anderweitigen Blockaden entwickelten sich die Aktionsformen bis zum Straßen- und ‚Unsichtbaren Theater' (vgl. autonome a.f.r.i.k.a. gruppe/Blissett/Brünzels 2001: 122-123).

Das klassische Straßentheater, für das man sich offensichtlicher Kostüme und Szenarien bedient, ist schnell als Inszenierung erkennbar. Ob in einer deutschen Fußgängerzone Aktionsteilnehmer in Verkleidung von neoliberalen Politikern und Konzernmanagern mit einer aufblasbaren Weltkugel spielen, um gegen die Werkschließungen des Nokia-Konzerns zu protestieren, oder in Chicago ‚Terrorverdächtige' in orangefarbener Häftlingskleidung mit schwarzen Säcken über dem Kopf auf der Straße knien, um auf die Behandlung irakischer Kriegsgefangener aufmerksam zu machen – kein Passant dürfte an der Inszenierung des Gesehenen zweifeln.

Humor kommt in vielen Fällen eine wichtige Funktion bei der Umsetzung eines Happenings zu, die Konfrontation mit der Macht darf durchaus spaßbetont ausfallen. Vor allem im Umkreis des G-8-Gipfels 2007 in Heiligendamm machten Mitglieder der ‚Clown's Army' auf sich aufmerksam. Polizisten sahen sich neben den ‚gewöhnlichen' Demonstranten auf einmal mit Clowns in klassischen Kostümierungen konfrontiert, die sie mit Seifenblasen ‚beschossen' und Pantomimentheater spielten (vgl. Denkler 2007). Erstmals in Erscheinung trat diese Art der Protestinszenierung im Jahr 2003 in England, wo sich anlässlich eines Besuchs des damaligen US-Präsidenten George W. Bush die ‚Clandestine Insurgent Rebel Clown Army' gegründet hatte (vgl. Arnu 2008). Das Prinzip lautet hier, mit Humor und der den Menschen bekannten, spielerischen Figur des Clowns Vertrauen zu den Zuschauern aufzubauen und gleichzeitig Autoritätspersonen wie Polizisten und Politiker in ihrer eigenen Inszenierung zu dekonstruieren (vgl. Peters 2007).

Anders verhält es sich, wie schon der Name andeutet, beim Unsichtbaren Theater. Auch hier werden gezielt bestimmte Themen und Situationen theatralisch in Szene gesetzt, die Inszenierung lebt jedoch davon, dass sie von uneingeweihten Zuschauern nicht oder wenigstens nicht sofort erkannt wird. Das unwissende Publikum soll nämlich in das Theaterspiel einbezogen werden:

> Absicht ist es, die Zuschauerinnen zum Eingreifen, zum Handeln gegen Unterdrückung zu bringen oder auch mit ihrer eigenen Passivität und Indifferenz zu konfrontieren. Den Schauspielerinnen kommt hier eine Indikatorenrolle zu. Sie regen das Thema an und lassen die bislang unbeteiligten Zuschauerinnen das ‚Stück' weiterspielen. (autonome a.f.r.i.k.a. gruppe/Blissett/Brünzels 2001: 137)

Durch das Verhalten der Theaterschauspieler, die in ihren Rollen nicht zu erkennen sind, sollen die Umstehenden zu Widerspruch angeregt werden – oder zumindest ein Denkprozess über das Erlebte. Neben dem öffentlichen Raum als Bühne eignen sich auch Veranstaltungen wie Festakte, Versammlungen und Kundgebungen, um eine Form des Unsichtbaren Theaters anzuwenden.

Einen Mittelweg zwischen dem Straßen- und Unsichtbaren Theater beschreiten beispielsweise ‚Reverend Billy' und die Mitglieder seiner ‚Church of Life After Shopping', vormals ‚Church of Stop Shopping'. Der Schauspieler Bill Talen kopiert Gestik, Mimik, Stimmgebrauch und Rhetorik der in den Vereinigten Staaten populären Fernsehpriester und hält seine Predigten gegen den Konsumwahn nicht nur auf Einkaufsstraßen, sondern auch unangekündigt in Filialen der Kaffeekette Starbucks oder in Disney-Läden (vgl. Kingsnorth 2005: 158-165). Begleitet wird der falsche Prediger dabei oft von einem Gospel-Chor, dessen dargebotene Lieder sich kompositorisch in keiner Weise von bekanntem Gospel-Liedgut unterscheiden – bis auf die Texte: „Blessed are you who stumble out of branded Main Streets, for you shall find lovers not downloaded and oceans not rising." (*The Beatitudes of Buylessness*)[33]

4.3.5 Flashmobs

Verwandt mit dem Straßentheater ist das Phänomen der Flashmobs, das im Jahr 2003 erstmals von sich reden machte: Koordiniert per Internet und SMS-Nachrichten zogen mehrere hundert Menschen durch New York, um dort gemeinschaftlich für Beobachter vollkommen sinnlose Aktionen durchzuführen, wie das Versammeln um einen bestimmten Teppich in einen Kaufhaus oder exakt 15 Sekunden in einer Hotellobby zu applaudieren. Der Organisator, Bill Wasik, erklärte die Aktion später in einem Interview als ein satirisches Experiment, mit dem er den Konformismus der teilnehmenden, technikverliebten Internetfans zur Schau stellen wollte. Im Herbst desselben Jahres folgten Flashmobs in verschiedenen Großstädten, danach ebbte die Begeisterung für diese Bewegung ab (vgl. Patalong 2008).

Der subversive Wert von Flashmobs liegt darin, dass sie Interventionen im Alltag darstellen. Die sinnbefreiten Darbietungen lenken die Aufmerksamkeit auf das „alltägliche Spektakel" (Amann 2007c: 190), auf die nach Funktionalität und Effizienz geplanten Verhaltensweisen und Lebensabläufe in einer vom Konsumkapitalismus durchdrungenen Gesellschaft; dies ermöglicht gewissermaßen über den begrenzten Interventionsbereich der gewohnten politischen Aktionsformen, wie Demonstrationen, hinauszuweisen. Nach ihrer ursprünglichen Idee sind Flashmobs unkonventionell, schaffen unvorhersehbare Situationen, brechen mit der Alltagskonformität und der Ordnung der Dinge und machen sich auf subtile Weise über diese lustig. Insofern ähneln sie situationistischen und dadaistischen Aktionen, jedoch ohne deren avantgardistischen Anspruch, denn durch die Nutzung der neuen Kommunikationstechnologien werden möglichst viele Menschen zur Teilnahme animiert (vgl. ebd.).

Seit 2007 kommt es Medienberichten zufolge wieder vermehrt zu Flashmobs weltweit, welche man unterteilen kann in solche, die ausschließlich der Unterhaltung der Teilnehmer dienen sollen und solche, bei denen die Flashmob-Technik mittlerweile als durchaus sinnreiches Mittel zu Wirtschafts- und Politikkritik genutzt wird. So brachte die Bestellung von 10.354 Hamburgern durch 1500 Jugendliche in einer Berliner McDonalds-Filiale zwar die Angestellten aus der Fassung, letzt-

---

33   Eine Übersicht über die Aktionen der Church of Life After Shopping inklusive Bild- und Videomaterial findet sich online auf http://www.revbilly.com.

endlich erzielte das Fastfood-Restaurant an diesem Tag jedoch einen Rekordumsatz und den Teilnehmern ging es nach eigener Aussage nur um das Essen und das Erreichen eines Rekords (vgl. Strauss 2008). Ein von Kunstliebhabern initiierter Flashmob in Sankt Petersburg hingegen richtete sich gegen die Kommerzialisierung des Eremitage-Vorplatzes und kann somit durchaus als Form von Culture Jamming gelesen werden (vgl. Patalong 2008). Ähnlich verhält es sich mit Flashmobs, bei denen die Anbringung von Überwachungskameras an öffentlichen Plätzen kritisiert wird, indem die Teilnehmer sich versammeln, um für mehrere Minuten bewegungslos die Kamera anzustarren (vgl. Amann 2007: 191-192). Mitglieder des entwicklungspolitischen Netzwerks INKOTA verbanden 2008 bei Aktionen vor und in Filialen der Unternehmen Adidas und Puma in Berlin das System des Flashmobs mit Elementen des Protest-Straßentheaters, um auf die unsozialen Herstellungsbedingungen der angebotenen Markenkleidung aufmerksam zu machen. Hier wurde eine für Flashmobs typische Intervention gegen den Alltag innerhalb eines Geschäfts – 20 vermeintliche Kunden fallen ohne Vorwarnung zu Boden und bleiben zwei Minuten bis zum Ertönen eines Trillerpfeifensignals reglos liegen – ergänzt um das abschließende Hochhalten einer Karte mit der Botschaft „Adidas Stop. Arbeitsrechte weltweit: Play fair – jetzt!" (vgl. Jensen 2008). Das sinnbefreite Spektakel des Flashmobs wird so genutzt, um die Aufmerksamkeit der Kunden und Angestellten auf eine ansonsten womöglich weniger beachtete Kritik zu lenken.

4.3.6 Vorübergehende Rückeroberung des öffentlichen Raums

Als direkte Reaktion auf die in Kapitel 1.4.1 beschriebene Kolonisation und Privatisierung des öffentlichen Raums kann man die ‚Reclaim the Streets'-Happenings bewerten. Klein beschreibt diese wie folgt:

> Seit 1995 besetzt diese Bewegung zur Rückeroberung der Straße in spontanen Versammlungen belebte Straßen, wichtige Kreuzungen und sogar Stücke der Autobahn. In Windeseile verwandelt dabei eine Menschenmenge durch ein anscheinend spontanes Fest eine Hauptverkehrsader in einen surrealistischen Spielplatz. (Klein 2001: 322)

Hinter der scheinbaren Spontaneität steht aber auch hier Planung und Inszenierung. Der Ort für das Happening wird von Organisatoren ausgesucht, jedoch vor den im Vorfeld benachrichtigen Teilnehmern geheim gehalten. Am Aktionstag bewegen sich die Teilnehmer von einem gemeinsamen Treffpunkt zum Zielort. Leistungsstarke Musikanlagen werden per Lieferwagen herangeschafft und die ausgewählte Straße dann durch inszenierte Ereignisse, wie den vorgetäuschten Zusammenstoß zweier Autos, blockiert. Der ‚eroberte' Raum wird im Folgenden mit Möbeln, Spielgeräten und Essensständen bestückt, Musiker, Jongleure und andere Künstler treten in Aktion, es wird getanzt, Frisbee und Badminton gespielt (vgl. Klein 2001: 322-323).

Ihren Ausgangspunkt hatte diese Bewegung 1993 in England, als Umweltschützer in London gegen den Bau einer neuen Stadtautobahn mobil machten, der 350 Häuser und ein Teil eines der letzten alten Londoner Waldgebiete zum Opfer fallen sollten. Eine Straße und die angrenzenden, zum Abriss freigegebenen Häuser wurden für mehrere Monate dauerhaft von Aktivisten besetzt und mit Kunstinstallationen verziert. Die Sympathie für derartige Aktionen war in vielen Teilen der Bevölkerung aufgrund der zunehmenden Kriminalisierung von Straßenkultur vorhanden, vor allem unter den jugendlichen Anhängern der Rave-Szene, deren öffentlich veranstaltete, nächtliche Tanzpartys durch den Criminal Justice Act von 1994 verboten wurden. Weitere Reclaim the Streets-Aktionen in England folgten, die bisher größte Straßenzurückeroberung fand 1997 in London statt, als 20.000 Teilnehmer ihr ungenehmigtes Fest auf dem Trafalgar Square veranstalteten. Die Aktionsform verbreitete sich auch international. Am 16. Mai 1998 fanden anlässlich des damaligen G-8-Gipfels Reclaim the Streets-Feiern weltweit in Städten wie Sydney, Helsinki, Genf, Valencia, Utrecht, Berkeley, Toronto, Prag und Tel Aviv mit je 400 bis 5000 Teilnehmern statt (vgl. Klein 2001: 321-327). Im April 2008 besetzten knapp 1000 Menschen unter Mitwirkung einer lokalen Abordnung der Clown's Army (siehe 4.3.4) den Kölner Stadtring bis nach Mitternacht, um dort zu den Rhythmen einer Samba-Trommelgruppe Federball zu spielen, zu grillen und Hauswände mit Kreide zu bemalen (vgl. Arnu 2008, Stinauer 2008). Gemeinsam ist all diesen Veranstaltungen die Forderung nach nichtkommerziellem Raum, Protest gegen die allgegenwärtige Autokultur und deren Auswirkungen auf das Stadtbild sowie die Demonstration von Spaßkultur und Volksfesten ohne die Organisation und das Sponsoring durch Konzerne.

Grundlegend für das Konzept der Reclaim the Streets-Partys ist die aktive Beteiligung der Teilnehmer, das Zurücklassen der Rolle eines passiven Partykonsumenten und das Einbringen eigener Ideen und Aktionen. Vorbereitung und Durchführung der Happenings ermöglichen daher maximale Mitgestaltung, für die höchstens ein Rahmen in Form von initiierenden Aufrufen und Plakaten und einer leistungsfähigen Musikanlage geboten wird. In der Umsetzung stellt sich diese Zielsetzung jedoch als nicht immer einlösbar heraus. Im Schnitt haben sich wenig vorbereitete Reclaim the Streets-Partys im Vergleich zu verlässlich organisierten Gegenstücken oft als erfolgloser erwiesen (vgl.

nisierten Gegenstücken oft als erfolgloser erwiesen (vgl. Amann 2007a: 47).

Viel unauffälliger bei der symbolischen Zurückeroberung von urbanem Lebensraum geht die selbst ernannte ‚Garden Guerilla‘ vor, ein loser Zusammenschluss aus Hobbygärtnern, die im Schutze der Nacht unerlaubt städtische Brachflächen und verkommene Grünstreifen bepflanzen. Ausgehend vom New York der 1970er Jahre, wo Anhänger der alternativen Szene vernachlässigte Flächen in ‚kulturelle Gärten‘ ummodelten, verbreitete sich die Bewegung auch auf andere Großstädte wie Detroit, Vancouver, Berlin und London (vgl. Mocek 2007). Auf der Internetseite guerrillagardening.org tauschen sich mittlerweile Garden Guerilleros aus allen Teilen der Welt aus und präsentieren Bilder ihrer Erfolge. Das Ziel liegt neben der Verschönerung städtischen Raums in einer Thematisierung der zunehmenden Privatisierung öffentlicher Flächen sowie das Fehlen und die Vernichtung von ‚Natur‘ innerhalb der Stadt. Mancher moderner Gartenguerillero nutzt das illegale Anpflanzen auch als Mittel zur Selbstversorgung mit Gemüse und seine Aktivität kommt somit auch einer gegenwärtigen Forderung nach kommunalen Gemeinschaftsgärten gleich (vgl. Amann 2007b: 158).

4.3.7 Cyberjamming

Das Internet bietet sich durch seine offene Struktur, in der jeder mit Hilfe eines Computers und Modems zum Produzenten und Sender von Inhalten werden kann, als nützliche Plattform für Culture Jamming-Aktionen an. Kleiner verweist auf weitere Vorzüge:

> Das Internet kann nicht eindeutig kartografiert und reglementiert werden, sondern bietet Raum für eine *irreduzible* Vielzahl von Kommunikationskanälen und -plattformen – administrative und kommerzielle Aneignung ist dadurch nur bedingt möglich; die Gestaltung des Cyberspace hat Prozesscharakter und folgt keinem *Netzkonstruktionsplan*. (Kleiner 2005: 354; Hervorhebungen im Original)

Eine Möglichkeit ist die Erstellung so genannter ‚Gripe-Sites‘, also Kritikseiten, die einzig dem Zweck dienen, einen bestimmtes Unternehmen oder eine bestimmte Marke zu attackieren (vgl. Lasn 2006: 136). Der subversive Charakter kommt hier nicht nur auf der jeweiligen Homepage selbst, wenn etwa verfremdete Logos und Slogans eingesetzt werden, zum Ausdruck: Verwendet man eine Suchmaschine wie Google, um Informationen über ein Unternehmen zu recherchieren, finden sich derartige Gripe-Sites unter den aufgelisteten Ergebnissen – oft sogar an relativ prominenter Stelle, denn die Reihenfolge der Suchergebnisse basiert unter anderem darauf, wie oft Seiten aufgerufen und auf anderen Seiten verlinkt wurden (vgl. ebd.). Positiv auf die Sichtbarkeit in Suchmaschinen ist auch eine Internetadresse, die im semantischen Umfeld des Gegners liegt. Sucht man über Google beispielsweise nach Internetseiten zum Thema ‚McDonalds', wird auch die unternehmenskritische Seite mcspotlight.org gelistet; der Suchbegriff ‚Coca-Cola' fördert unter anderem die Seite killercoke.org zutage, auf der Verbrechen gegen Gewerkschafter in einer kolumbianischen Cola-Fabrik angeprangert werden; unter den Suchergebnissen den Chemiekonzern Bayer betreffend findet sich auch cbgnetwork.org, die Seite der ‚Coordination gegen Bayer-Gefahren'; und die Informationssuche nach ‚Kentucky Fried Chicken' oder ‚KFC' führt unter anderem zu der Homepage kentuckyfriedcruelty.com der Tierrechtsorganisation PETA, wo man von der KFC-Werbefigur Colonel Sanders begrüßt wird, jedoch mit dem Unterschied, dass der ansonsten freundlich lächelnde alte Herr hier mit Teufelshörnern, gemeinem Gesichtsausdruck und einem blutigen Hühnchen in der Hand versehen ist.[34]

Eine andere, im Internet zum Einsatz kommende Methode ist die Programmierung von Fake-Homepages, welche auf den ersten Blick die offiziellen Internetpräsenzen eines Unternehmens oder einer Institution darstellen, aber diese auf den zweiten Blick durch Culture Jamming-Methoden der subversiven Affirmation, der Entwendung/Umdeutung und der Camouflage kritisieren oder inhaltlich korrigieren. Um einen Glaubwürdigkeitseffekt zu bewirken, muss sich die Internetadresse dabei auf einen Namen oder Begriff beziehen, der relativ deutlich auf das Unternehmen bzw. die Institution verweist, welche das Ziel der Subversion ist. Diese versuchen zwar oft, ihr semantisches Umfeld zu sichern, indem sie Internetadressen mit verwandten Namen kaufen oder juristisch gegen Webseiten vorgehen, die solche Namen verwenden, sind jedoch aufgrund der Vielschichtigkeit und Komplexität sprachlicher Verknüpfungen nicht in der Lage alle derartigen Möglichkeiten auszuschließen (vgl. autonome a.f.r.i.k.a. gruppe 2007: 204).

Ein weiteres Beispiel stellt das Internetportal unter der Adresse atomindustrie.de dar. Dieses führt wiederum weiter zu der gefakten Informationsseite kernenergie-online.de, der gefakten Internet-Imagekampagne ‚Atomstrom macht an' und einer gefakten Seite über die französische Region La Hague, in der sich eines der größten Wiederaufbereitungslager für Brennelemente aus Kernkraftanlagen befindet. Die angebliche ‚Imagekampagne pro Atomstrom' (siehe http://www.kernenergie-

---

34 Die Zeitpunkte, an denen erwähnte Google-Suchen vorgenommen wurden, stimmen jeweils mit dem Datum überein, das als Stand in den Quellenangaben neben der entsprechenden Internetadresse vermerkt ist.

info.de/atomstrom) präsentiert Bilder attraktiver Menschen, die einem Bademodenkatalog entsprungen sein könnten – und es in diesem Fall wohl auch sind – versehen mit angeblichen Zitaten wie „Ich weiß wirklich nicht, was die Leute immer gegen Castor-Transporte haben" oder „Also mich macht nur Atomstrom an. Sicher und modern". Unterbrochen wird die Betrachtung der Internetseite schließlich durch eine im ersten Moment authentische, aber ebenfalls gefakte Computerfehlermeldung, in der es unter anderem heißt: „In unserer nuklearbetriebenen InHouse-Stromversorgung ist ein minimaler Fehler aufgetreten." Auf der Informationsseite kernenergie-online.de wird ganz im Stil zurückliegender Werbekampagnen der Atomindustrie der Atomstrom als der „einzig wahre Ökostrom" gelobt, dies dann jedoch nach Methode der subversiven Affirmation so weit geführt, dass es parodistische Züge annimmt:

> Kernenergie verhindert den Treibhauseffekt! Kernenergie ist zuverlässig, absolut sicher, günstig, modern, umweltfreundlich, innovativ, arbeitsschaffend, sauber, unverzichtbar, sparsam, konsensfähig, alternativlos. (Kernenergie Online 20.7.2009)

Mit dem letztendlichen Hinweis darauf, dass es eine Zumutung für die Unternehmen sei, Aussagen über die längerfristige Sicherheit von Atomendlagern abzugeben und es wichtigere Dinge gäbe, als „die ungelöste Entsorgungsfrage", demaskiert sich die Seite schließlich selbst. Vom selben Programmierteam wird auch die Seite kernkraft-kids.de herausgegeben, auf der im Stil eines Kinderlexikons kurze Einträge in kindgerechter Sprache und mit bunten Bildern versehen zu Themen wie ‚Zwischenlager', ‚Leukämie' oder ‚Wiederaufarbeitung' informieren beziehungsweise die Verharmlosungen der Nukleartechnik durch die Öffentlichkeitsabteilungen der Atomindustrie parodieren.

Einen Schritt weiter bewegen sich Cyber-Aktivisten, die sich unberechtigt Zugang zur offiziellen Webseite eines Unternehmens oder einer Institution verschaffen und deren Quellcode ändern. Samuel unterscheidet in diesem Zusammenhang zwischen ‚Hacktivisten', die aus der Hacker-Programmier-Kultur kommen, und solchen, die der ‚postmodernen Linken' und deren Gemeinschaft progressiver Künstler-Aktivisten entstammen (vgl. Samuel 2004: 39). Der Fokus der ersten Gruppe ist stark technologie- und internetfixiert und richtet sich auf Themen wie Informations- und Redefreiheit, Dezentralisierung, sowie kostenlose und offene Software, deren Quelltexte jedem zur Weiterentwicklung zur Verfügung stehen soll (vgl. ebd.: 41-42). Ziele von Hacker-Aktionen sind demnach die Internetseiten beziehungsweise Server staatlicher Institutionen, politischer Parteien und von Privatfirmen, vor allem Softwarekonzerne wie Microsoft und Unternehmen aus der Sicherheits- und Überwachungstechnologiebranche, die durch Gesetzgebungen, Kontrollfunktionen, Softwaremonopolisierung oder Datenspeicherungstechniken die Freiheit innerhalb des virtuellen Raums einschränken. Techniken, die dabei zum Einsatz kommen, sind unter anderem die Seiten-Umleitung, durch welche der Internetbenutzer nicht auf die zur eingegeben Adresse zugehörige Webseite gelangt, sondern auf eine Seite, die Gegeninformationen oder eine Parodie der ursprünglichen Inhalte bietet; ‚Defacements', bei denen die Originaleinhalte einer Seite – meist der Startseite einer Internetpräsenz – durch eigene, oft kritische oder verhöhnende Botschaften oder Bilder ersetzt werden; Informationsdiebstahl von Webservern, welcher auch die anschließende Verbreitung geschützter Informationen einschließt; und im Online-Kollektiv programmierte Umgehungen für die technischen Quellen von Internetzensur, wie Firewalls, die in autoritär regierten Ländern wie China den freien Zugang zu bestimmten Internetseiten verhindern (vgl. Samuel 2004: 8-11, Patalong 2009).

Ausgehend von einer starken Identifizierung mit den oben genannten Themen und der Idee der ursprünglich offenen und durch Kooperation gekennzeichneten Internetgemeinschaft bilden die Hacker-Programmierer eine Subkultur mit eigener Sprache und eigener ‚Hacker-Ethik' (vgl. Samuel 2004: 41). Das Streben nach Anerkennung innerhalb der Gemeinschaft durch die Zurschaustellung der Hackerfähigkeiten, die Verwendung von Pseudonymen und die Praxis, diese als virtuellen ‚Schriftzug' auf den gehackten Seiten zurückzulassen, sind offensichtliche Gemeinsamkeiten mit der Graffitikultur, welche die analogisierende Bezeichnung „Web-Grafitti-Szene" (Patalong 2009) nahe legen. In Deutschland ist vor allem der Chaos Computer Club als Zusammenschluss von Hacker-Programmierern bekannt, die sich oben genannten Zielen verpflichtet fühlen.

Die zweite Gruppe von Hacker-Aktivisten, die Künstler-Hacktivisten oder „performative hacktivists" (Samuel 2004: 46), steht in ihren Intentionen und Methoden dem Culture Jamming noch näher. Die wichtigsten Themen stellen für sie Globalisierung, Konzernmacht, Menschen- und Bürgerrechte und Umweltschutz dar; das Internet steht nicht im Mittelpunkt, sondern dient vor allem als Medium für virtuelle Culture Jamming-Aktionen, die oft nur Teil einer größeren Kampagne sind, welche auf verschiedenen Ebenen stattfindet. Das Selbstbild der performativen Hacktivisten ist eher das eines Künstlers als eines Programmierers und ihre Aktionen und Interventionen zeichnen sich durch Ästhetik und hohes Medienwissen aus (vgl. ebd.: 45-46). Ein deutlicher Wiederanstieg von ‚Hacktivismus', dessen Ziel vor allem Unternehmen aus der IT-

Sicherheits-Branche sind, war in den letzten beiden Jahren zu verzeichnen (vgl. Patalong 2009).

Ebenso wie auf das Internet wurde das Culture Jamming-Prinzip auch auf den Bereich Computerspiele übertragen. Die in Atlanta sitzende Firma Persuasive Games hat neben Werbespielen, branchenüblich als ‚Advergames' bezeichnet, die als Auftragsarbeit für Klienten wie den Nachrichtensender CNN oder den Benzinkonzern Shell entstehen, auf eigene Kosten auch eine Reihe von Spielen herausgegeben, die man getrost als ‚Anti-Advergames' bezeichnen kann, da sie den genauen Gegensatz der Werbespiele verkörpern (vgl. Walker 2006). Im gratis über die Webseite von Persuasive Games (siehe www.persuasivegames.com) zu beziehenden Spiel *Disaffected!* übernimmt der Spieler die Rolle eines Angestellten der in den USA weit verbreiteten Kopierladen-Kette Kinko's, der verschiedene Kunden bedienen muss. Den Schwierigkeitsfaktor gibt dabei die allseits bemängelte Gleichgültigkeit und Inkompetenz der schlecht bezahlten Mitarbeiter vor. Außerdem kostenlos online spielbar sind unter anderem das konsumkritische *Xtreme Xmas Shopping*, in dem beim ‚Kampf' um die letzten Weihnachtsgeschenke auch Gewalt gegen konkurrierende Kunden eingesetzt wird, sowie *Oil God*, ein Spiel, das den Zusammenhang zwischen Benzinpreisen, geopolitischen Entscheidungen und Profiten aus dem Ölgeschäft illustriert. Unter mcvideogame.com findet man ein ebenfalls online spielbares Anti-advergame des italienischen Programmierteams Molleindustria, das sich gegen die Geschäftspraktiken des Fast Food-Konzerns McDonalds richtet. Hier müssen Regenwälder für Sojafelder und Rinderweiden abgeholzt, Tiermehl und Hormone ins Tierfutter gemischt und Politiker bestochen werden, um erfolgreich zu sein. Die Tierrechtsorganisation PETA bietet auf ihrer Online-Plattform gegen Kentucky Fried Chicken (siehe oben) das Spiel *Super Chick Sisters* an, in dem auf die tierquälerischen Praktiken des Unternehmens hingewiesen wird.

Ian Bogost, Gründer von Persuasive Games und außerdem Medienwissenschaftler am Georgia Institute of Technology, weist auf das subversive Potenzial hin, das auch in Computer- und Videospielen liegt: „I don't believe that video games have to be fun […] I think they need to be given the opportunity to bother and disturb us." (Zit. nach Bluestein 2007) Die virtuellen Spielwelten kann man in Anschluss an Dörner (2001) als „Als-ob-Welten" bezeichnen, fiktionale Spielwelten, die sich auf die Logik der Alltagswelt[35] beziehen, auch wenn ihr Erkenntnisstil ein anderer ist. Ihre reduzierte Komplexität macht sie, genau wie andere

---

35 Dörner bezieht sich hier auf Alfred Schütz' Definition von Alltagswelt und geschlossenen Sinngebieten, wie dieser sie mit Thomas Luckmann in *Strukturen der Lebenswelt* (1975) formuliert.

populäre Unterhaltungsmedien, für den Rezipienten besonders orientie-
rungsfreundlich (vgl. Dörner 2001: 60-61). Die Stärke der anti-
kommerziellen und unternehmenskritischen Videospiele liegt vor allem
darin, dem Benutzer unter den Bedingungen der verringerten Komplexität und in einer entspannten Situation – nämlich der des Spielens – „Materialien zur Wahrnehmung, Deutung und Sinngebung" (ebd.: 62) zu
vermitteln. Es findet also eine Zweckentfremdung der populärkulturel-
len Form des Computerspiels, deren Funktion sich gewöhnlich ausschließlich auf Eskapismus beschränkt, inklusive ihrer Mechanismen
und Regeln, statt. Hier verbindet sich die Eskapismus-Funktion der
Videospiele mit einer inhaltlichen Attacke auf die Zeichen und Ideologien des Konsumkapitalismus zu einer Symbiose aus Unterhaltung und
Widerstand. Der Widerstand geht in diesem Fall sogar noch über jenes
Widerstandpotenzial heraus, das Fiske populären Texten zugesteht,
denn im Fall der Anti-Advergames existiert kaum eine andere Deu-
tungsmöglichkeit als die der parodierenden Systemkritik. Ihre Attraktivität und Konsensfähigkeit erzielen die Anti-Werbespiele aus dem Umstand, dass sie sich nach rein formalen Aspekten, ihrer grafischen Darstellung, ihrem Aufbau und Spielprinzip, nicht von anderen Computerspielen unterscheiden. Dies erklärt sich vor allem dadurch, dass die
verantwortlichen Programmierer und Designer in den meisten Fällen
Teil der Computerspielindustrie sind und sie ihre semiotischen Attacken
somit von innen heraus führen.

4.4 Zwei Beispiele aus der Culture-Jamming-Praxis

4.4.1 The Yes Men

Die Aktivistengruppe The Yes Men nutzt Fakes im großen Stil, um Konzerne und Wirtschaftsorganisationen zu attackieren. 2001 nahmen drei
Mitglieder der Gruppe als angebliche Vertreter der World Trade Organisation [WTO] an einem Anwalts-Seminar über internationalen Handel in
Salzburg teil. Die Einladung war über die gefälschte Internetseite
gatt.org[36] erfolgt, die von den Seminarausrichtern fälschlicherweise für
die offizielle Internetpräsenz der WTO gehalten worden war. Im Rahmen eines Vortrags des fiktiven WTO-Freihandelsexperten ‚Dr. Andreas
Bichlbauer' wurden die Seminarteilnehmer mit äußerst fragwürdigen
Strategien für die Beseitigung von Handelsbarrieren konfrontiert: Gewalt gegen südamerikanische Bauern, um die Bananenpreise niedrig zu

---

36   GATT steht für das internationale Handelsabkommen ‚General Agreement on
     Tariffs and Trade' und gilt als Vorläufer der World Trade Organisation.

halten, die Abschaffung der traditionellen Siesta in Ländern wie Spanien und Italien, um durchgehende Geschäftszeiten zu erreichen und der Abbau des nach Ansicht der WTO größten Freihandelshindernisses, der Demokratie, durch die Unterstützung einer Einführung von Wähler-stimmenversteigerungen an Höchstbietende (vgl. Feder: 2001, The Yes Men [a]).

Am 21. Mai 2002 informierte wiederum ein falscher Vertreter der WTO auf einer Konferenz der australischen Buchhaltervereinigung in Sidney über die bevorstehende Auflösung der Welthandelsorganisation, unterstützt von einer Reihe Statistiken, welche die negativen sozialen Folgen der Politik der WTO aufzeigen. An ihre Stelle solle eine Trade Regulation Organization treten, welche den Welthandel kontrolliert und vor allem die soziale Verantwortung von Unternehmen einfordert. Ge-fakte Pressemitteilungen folgten der Ankündigung und führten unter anderem dazu, dass ein Abgeordneter des kanadischen Parlaments eine diesbezügliche Frage im Plenarsaal stellte. Eine offizielles Dementi der WTO folgte kurze Zeit später (vgl. The Yes Men 2003: 113, The Yes Men [b]). Die Yes Men nutzten das nun bestehende Aufmerksamkeitspotenzi-al von Medien und Politikern, um mit einer weiteren Presseerklärung darauf hinzuweisen, dass eine Auflösung der World Trade Organisation und ihre Ersetzung durch eine Organisation, die sich primär an der Menschenrechtscharta orientiert, durchaus im Bereich des Möglichen liegen würde (vgl. RTMark 2002).

2004 verkündete ein Yes Men-Aktivist in der Rolle eines Firmenspre-chers des Chemiekonzerns Dow während eines Live-Interviews in einer BBC-Nachrichtensendung, dass sein Unternehmen nun bereit sei, die volle Verantwortung für die Chemiekatastrophe im indischen Bophal im Jahr 1984 übernehmen und 12 Milliarden US-Dollar bereitstellen werde, um die Opfer zu entschädigen und das betroffene Gebiet zu reinigen.[37] Allein auf dem deutschen Aktienmarkt machten Dow-Aktien im An-schluss einen Verlust von zwei Milliarden US-Dollar (vgl. The Yes Men [c]). Auf ihrer Homepage bestätigten die Aktivisten, damit ihr Ziel er-reicht zu haben, der Bophal-Katastrophe, ihren gegenwärtigen Folgen und dem Verhalten von Dow Chemicals stärkere Medienpräsenz zu

---

37 1984 ereignete sich in Bophal einer der schlimmsten industriellen Chemieunfäl-le aller Zeiten, als durch einen technischen Fehler tonnenweise hochgiftige Chemikalien freigesetzt wurden. Nach Schätzungen von Amnesty International starben 7000 Menschen unmittelbar, weitere 15.000 an den Folgen der Katastro-phe; Hunderttausende von Überlebende und deren Nachkommen leiden noch immer an den gesundheitlichen Auswirkungen. Das verantwortliche Unter-nehmen Union Carbide ist mittlerweile eine Firmentochter von Dow Chemicals (vgl. Brandhoff 2004).

verschaffen: „In fact there was significantly *more* information as a result, since more people knew about Bhopal and Dow, especially in the US." (Ebd.; Hervorhebung im Original)

4.4.2 Nikeground – Rethinking Space

Im Oktober 2003 wurde auf dem Wiener Karlsplatz ein zweigeschossiger, gläserner Info-Container aufgebaut, in dem den Besuchern vom freundlichen Informationspersonal nicht nur der neue Nike-Jubiläumslaufschuh ‚Sneaker III' vorgestellt wurde, sondern sie auch über den geplanten Bau einer 36 Meter langen und 18 Meter hohen Monument-Version des Nike-Logos ‚Swoosh' und die damit einhergehende Umbenennung des Karlsplatzes in Nikeplatz informiert wurden. Wien, so die Information, befände sich in der glücklichen Lage, als erste europäische Metropole zur Nike-Stadt ‚upgraded' zu werden. Begleitet wurde die Installation von der Webseite nikeground.com[38] und der Verteilung tausender Informationsbroschüren. Der dazugehörige Slogan lautete: ‚You want to wear it, why shouldn't your cities wear it too?' Die Folge waren zahlreiche Beschwerden aufgebrachter Wiener Bürgerinnen und Bürger im Rathaus und den Büros der politischen Parteien sowie wütende Leserbriefe an lokale und nationale Zeitungen, welche über den bevorstehenden Verkauf des Karlsplatzes berichteten (vgl. Baltes 2004: 174, siehe auch 0100101110101101.ORG 16.7.2009).

Letztendlich entpuppte sich die Kampagne ‚Nikeground – Rethinking Space' als gemeinsame Aktion des Künstlerduos 0100101110101101.ORG und des Netzkultur-Vereins Public Netbase. In einer Pressemitteilung erklärte Konrad Becker, der Leiter von Public Netbase:

> Wir sehen es als unsere Aufgabe, das Spannungsverhältnis zwischen öffentlichem Interesse und der Ökonomisierung aller Lebensbereiche zur Diskussion zu stellen und durch direkte Intervention in den urbanen und medialen Raum Handlungsfelder zu erweitern. (Public Netbase 2003)

Durch Instrumentalisierung von Unternehmens-Logo, -Stil und -Ästhetik für eine Inszenierung, in der die Culture Jamming-Techniken des Fake und der Erfindung (falscher Tatsachen zur Schaffung wahrer Ereignisse) mit der Aktionsform des Unsichtbaren Theaters gemischt wurden, wurde in diesem Fall nicht nur die Aufmerksamkeit der Öffentlichkeit erreicht und ein öffentlicher Diskurs initiiert, sondern auch ein

---

38 Die gefakte Nikeground-Kampagnenseite kann noch immer betrachtet werden unter: http://0100101110101101.org/home/nikeground/website/index.html

Dementi von Seiten der Firma Nike ausgelöst. Das diesbezügliche Fazit der Künstler von 0100101110101101.ORG lautet:

> Der Anspruch, die Funktion öffentlicher Räume zu diskutieren, hat zu einem Nachdenkprozess angeregt, inwieweit Großkonzerne alleine Macht und Einfluss auf die Zeichensysteme des alltäglichen Lebens ausüben können. (Ebd.)

Eine Klage von Nike wegen Verletzung der Markenrechte gegen den gemeinnützigen Verein Public Netbase, zog das Unternehmen später aufgrund hoher internationaler Aufmerksamkeit und wiederholter medialer Berichterstattung wieder zurück (vgl. Public Netbase 2004).

4.5 Bewertung

Semiotischer Widerstand durch die vielfältigen Aktionsformen des Culture Jamming gleicht dem Widerstand subkultureller Gemeinschaften insofern, dass von seinen Aktivisten ebenfalls auf mitunter durchaus lustvolle Art eine deviante Aneignung und Verwendung hegemonialer Zeichen praktiziert wird. Die Zielsetzung ist in diesem Fall jedoch eine andere: Weder soll gesellschaftliche Abgrenzung betrieben noch eine subkulturelle Identität gebildet werden[39]; die Praktiken des Culture Jammings dienen vor allem jenem Zweck, die hegemoniale Zeichenmacht zu attackieren und derart Gesellschaftskritik zu üben. Und diese Kritik soll natürlich auch rezipiert werden.

Anbetracht gigantischer Werbebudgets und der bereits bestehenden Allgegenwärtigkeit der Zeichen des Konsumkapitalismus im Alltag muss derartiger Widerstand zunächst als ein aussichtsloser Kampf gegen Windmühlen erscheinen. Diese Einschätzung setzt jedoch voraus, semiotischen Widerstand durch Formen des Culture Jammings als einen Versuch zu werten, einen gleichwertigen Gegenpart zur hegemonialen (Zeichen-)Macht des Konsumkapitalismus aufzubauen. Wie oben beschrieben, fungiert Culture Jamming jedoch nicht als Gegenhegemonie auf makropolitischer Ebene, sondern wirkt auf vor allem auf mikropolitischem Niveau. „Diese Mikropolitik bezieht sich auf jeden einzelnen ebenso wie auf Kollektive." (Kleiner 2005: 355) Kleiner beschreibt die Aktionsformen des Culture Jammings dementsprechend als Mikropra-

---

[39] Ausgenommen werden muss hier die Aktionsform Streetart, die sowohl die Praxisform einer eigenen Subkultur als auch ein Mittel des Culture Jammings darstellt.

xen der Kritik, die vornehmlich symbolisch und nicht primär diskursiv ausgerichtet seien (vgl. ebd.).

Culture Jamming soll – wenn auch nur für einen Augenblick – die Pseudonatur des Konsumkapitalismus als eben solche demaskieren und dem Einzelnen die Möglichkeit eröffnen, dessen Zeichen gegen ihre intendierte Bedeutung zu lesen. Von jedem Rezipienten wird also eine gewisse Reflexionsleistung gefordert: Statt ihn mit vollendeten Aussagen zu konfrontieren, soll er angeregt werden, den dominanten Diskurs zu hinterfragen und eigene Schlüsse aus der jeweiligen Aktion zu ziehen. Somit kommt die von Fiske beschriebene Polysemie massenmedialer Texte, auf die Eco als „Interpretationsvariabilität" (Eco 1985: 152) ebenfalls hinweist, zum Tragen und ermöglicht eine oppositionelle Lesart und Interpretation von Zeichen.

Watzlawick, Weakland und Fish weisen in diesem Zusammenhang darauf hin, dass durch den Mechanismus der Umdeutung zwar eine Veränderung stattfindet, die objektive Sachlage selbst aber unverändert bleibt. Nicht die Gegebenheiten, sondern die Bedeutung, die man der Sachlage zuschreibt, wird modifiziert. Es ist demnach der begriffliche und gefühlsmäßige Rahmen, in dem die Sachlage erlebt und bewertet wird, der einer Änderung unterliegt. Zuschreibungen von Bedeutungen sind dem Objekt logisch um eine Stufe übergeordnet, besitzen also einen anderen Wirklichkeitsgrad. Auf dieser Metaebene werden Objekte Klassen zugeordnet, deren Elemente gemeinsame Eigenschaften haben. Die Zuteilung zu einer bestimmten, durch Denken konstruierten Klasse ist das Ergebnis von Entscheidungen und Umständen, wenngleich sie auch nicht endgültig ist. Umdeutungen als Ergebnis von Culture Jamming-Aktionen sind demnach Hervorhebungen anderer, ebenfalls gültiger Klassenzugehörigkeiten eines Objekts (vgl. Watzlawick/Weakland/Fish 1997: 118-122).

Eco betont vor allem das außersemiotische Element des Umstandes, den „Komplex der materiellen, ökonomischen, biologischen und physikalischen Konditionierungen" (Eco 1972: 136), in dessen Rahmen Kommunikation stattfindet, als entscheidend für die Änderung von Sinn und Funktion einer Botschaft. Außersemiotische Umstände, so folgert Eco, müssen jedoch nicht zwangsweise zufällige und unkontrollierbare Faktoren sein, sondern können auch intentional beeinflusst werden:

> Wenn die Umstände dazu beitragen, die Codes zu bestimmen, mittels deren die Decodierung der Botschaften durchgeführt wird, dann kann uns die Semiotik lehren, *daß man, statt die Botschaften zu verändern oder die Sendequellen zu kontrollieren, einen Kommunikationsprozeß dadurch verändern kann, dass man auf die Umstände einwirkt, in denen die Botschaft empfangen wird.* (Ebd.: 441; Hervorhebung im Original)

Derart kann man auch die Folge einer geglückten Culture Jamming-Aktion beschreiben: Sie transformiert die außersemiotischen Umstände, nämlich die Einstellung des Rezipienten zum Sender, unter denen der Kommunikationsprozess stattfindet. Anstatt sich der Sendestationen zu bemächtigen, werden die Inhalte einer Botschaft der Hegemonialmacht einmalig derart umcodiert, dass der Rezipient an der Legitimität der Herrschenden zu zweifeln beginnt und fortan auch unveränderte Texte auf eine andere Weise liest. Für Eco stellt sich dies als ein „‚revolutionärer' Aspekt des semiotischen Bewusstseins" (ebd.) dar. Es kommt auf diese Weise zu einer „Konfrontation des Empfängercodes mit denen des Senders" (ders. 1985a: 154). Im Idealfall besetzt der Rezipient nun eine Art von individueller Kontrollfunktion gegenüber den massenmedialen Botschaften und gewinnt Eigenverantwortung zurück:

> Die Welt der Technologischen Kommunikation würde dann sozusagen von Kommunikationsguerilleros durchzogen, die eine kritische Dimension in das passive Rezeptionsverhalten hereinbrächten. Aus der Drohung vom Medium als der Botschaft könnte, angesichts der Medien und ihrer Botschaften, eine Rückkehr zur individuellen Verantwortlichkeit hervorgehen. (Ebd.: 156)

Fiske zufolge sei es utopisch anzunehmen, derartiger zeichenhafter Widerstand würde zu einer Änderung der Verhältnisse führen. Jedoch, so Fiske, könne semiotischer und ausweichender Widerstand ein Bewusstsein aufrechterhalten, das zum einen das Wachstum der Bedingungen für Reformen begünstigt und zum anderen darauf vorbereitet, diese Bedingungen zu nutzen, wenn sie entstehen. Semiotischer Widerstand kann somit von der Ebene des Mikroniveaus auf das Makroniveau einwirken (vgl. Fiske 2003: 23).

5 Aneignung von Widerstandssymbolen und -methoden durch die Wirtschaft

Dem Assimilierungsprinzip der Logokultur folgend nutzen Werbestrategen auch gegen- und subkulturelle Zeichen für Marketingkampagnen. „Es gibt kein Symbol des Widerstandes und der Transgression, das nicht schon erfolgreich assimiliert und zu einem Marketing-Slogan oder einem Werbe-Logo umgemodelt worden wäre." (Barber 2007: 286) Marketingabteilungen greifen „mit aggressiven Werbestrategien zum Teil die subkulturellen Resonanzen auf, um damit *Guerillamarketing* im eigenen Interesse zu betreiben" (Baringhorst/Kneip/Niesyto 2007: 132).[40] Die gegenkulturellen Codes werden dadurch zur bloßen Form degradiert: „Die Kritik bedeutet in einem qualitativen Sinne nichts mehr, Zeichen und Bezeichnetes gehen eine lose Verbindung ein." (Meschnig 2002: 49) Im Fokus steht dabei gerade ein konsum- und werbekritisches Publikum.

Ein Beispiel ist die äußerst erfolgreiche ‚United Colors of Benetton'-Kampagne von Paolo Landi, in deren Zuge das ‚Produkt' mehr und mehr aus der Werbung verschwand und stattdessen ‚realistische' Bilder sozialer Konflikte gezeigt wurden: ein sterbender Aidskranker, ein Soldat mit einem menschlichen Schenkelknochen in der Hand, die Leiche eines Mafiaopfers, ein brennendes Auto oder Flüchtlinge, die ein Schiff stürmen. Diese von journalistischen Agenturen stammenden Bilder brachen drastisch mit den perfekten mythischen Welten herkömmlicher Werbekampagnen (vgl. Landi 2004: 188-189). Paolo Landi selbst bezeichnet sein Werbekonzept als kritisches „Manifest gegen die Banalität und den Konformismus konventioneller Werbebotschaften" (ebd.: 189), gemacht für Kunden, „die das Unternehmen für intelligent genug hält, um sie nicht länger mit penetranten Werbespots zu bombadieren" (ebd.: 191). Das grundsätzliche Ziel der Kampagne unterschied sich jedoch nicht von dem anderer Werbekampagnen: die Etablierung einer speziellen Markenidentität und letztendlich eine daraus erfolgende Umsatzsteigerung – was in diesem Fall gelang. Die Absatzzahlen von Benetton-Produkten stiegen in Folge der Kampagne merklich (vgl. ebd.: 188).

Ebenso werden Techniken des Culture Jammings übernommen, um durch den semiotischen Überraschungseffekt Aufmerksamkeit zu generieren, welche herkömmliche Werbung bei der von Werbebotschaften übersättigten Zielgruppe nicht mehr erzeugen kann. So nutzen Werbe-

---

40 Hubbertz (2007) definiert Guerillamarketing als „unkonventionelle, zielgenaue Aktion mit überraschender Wertung in der Lebenswelt der Zielgruppe" (ebd.: 381).

profis die Fake-Technik, indem sie scheinbare Anti-Werbungen kreieren, die sich gegen die Marken und Produkte ihrer Auftraggeber richten. Die Werbeagentur Jung von Matt konzipierte im Auftrag des Axel Springer-Verlags eine ‚Schluss mit Bild'-Kampagne, die sich auf den ersten Blick gegen das Boulevardblatt richtete (vgl. Baringhorst/Kneip/Niesyto 2007: 132-133); der Fernsehsender Vox warb für die TV-Serie Space, indem er im Namen der fiktiven ‚Initiative boykottiert Space' gefakte Anzeigen gegen seine eigene Serie in Umlauf brachte (vgl. autonome a.f.r.i.k.a. gruppe/Blissett/Brünzels 2001: 73); und der Autovermieter Sixt bot einst einen Miet-Porsche mit dem Slogan ‚Neid und Missgunst für 99 Mark' an (vgl. Hofmann 2008: 132). Die für den Zeitraum von einer Woche wirklich durchgeführte Umbenennung der Stadt Wolfsburg in ‚Golfsburg' anlässlich des neuen Golf-Modells im Jahr 2003 erinnert an die von Culture Jammern inszenierte fiktive Umbenennung des Wiener Karlsplatzes in Nikeplatz (siehe 4.4.2). Der Slogan einer langlebigen Kampagne für die Coca Cola-Marke Sprite attackiert scheinbar die Logokultur und Werbespots an sich, indem er dem Markenimage die Relevanz für die Identität des Konsumenten abspricht: ‚Image ist nichts. Durst ist alles.'[41]

Vor allem die Marketingstrategen von Nike greifen auf die Methoden ihrer politischen Gegner zurück, indem sie Plakate in Umlauf bringen, die sich im Subvertising-Stil der Billboard Liberation Front gegen ein neues Nikeprodukt richten, aus bezahlten Statisten bestehende Demonstrationen gegen die angebliche Überlegenheit des neuen Nike-Fußballschuhmodels organisieren oder nach Art der Happenings Schauspieler in der Rolle von protestierenden Künstlern in Museen schicken, um damit letztendlich auf ein von Nike gesponsertes Fußballspiel aufmerksam zu machen. Und wenn Nike für einen ‚Subground Battle' den nicht in Betrieb genommenen U-Bahnhof unter dem Berliner Reichstag für drei Tage in einen Sporterlebnisraum für Skateboarder, Fuß- und Basketballspieler umwandelt, geschieht dies in der Tradition des Détournements der Situationisten (vgl. Borries 2004: 72-73).

Derartige Strategien kann man mit Hubbertz (2007: 380) als eine „Umcodierung der Umcodierung oder Re-Recodierung" (Hervorhebung im Original) bezeichnen. Die kommunikativen Methoden der Gegenseite werden adaptiert und auf subversive Weise unterlaufen und umgekehrt. Somit wird durch die Mittel des Widerstands das „Markenimage Widerstand" (Borries 2004: 73) konstruiert.

Angesichts dieser Entwicklung müssen sich Culture Jamming-Betreibende eingestehen,

---

41 Während der Laufzeit dieser Kampagne steigerte sich der Umsatz von Sprite innerhalb von drei Jahren um 35 Prozent (vgl. Klein 2001: 309).

daß das Prinzip der Verfremdung nicht an ein politisches Konzept gebunden ist. Der Versuch, es per Definition vor dem Zugriff der kapitalistischen Verwertung zu retten, ist von vornherein zum Scheitern verurteilt. (autonome a.f.r.i.k.a. gruppe/Blissett/Brünzels 2001: 52)

Daraus folgt die Kritik, dass Rezipienten ‚echtes' Culture Jamming kaum noch von den methodischen Kopien der Werbewirtschaft unterscheiden können und Culture Jamming dem Konsumkapitalismus als Inspirationsquelle letztendlich mehr nutzt als schadet. Der Annahme, die Wirtschaft könne das Konzept Culture Jamming völlig vereinnahmen und wirkungslos machen, muss hier jedoch entgegengehalten werden, dass es sich bei den Lesern von Widerstandszeichen laut Eco (1985a) und Fiske (2001a) um aktive und eigensinnige Rezipienten handelt, die dementsprechend durchaus in der Lage sein sollten, anhand des Kontexts eine Unterscheidung zwischen zeichenhafter Kritik und Werbung im vorsätzlichen Widerstands-Gewand treffen zu können.

Auch im Fall, dass ein besonders Jugendkultur-affines Unternehmen wie Nike gekonnt das Markenimage ‚Widerstand' konstruiert und in subkultureller Manier einen stillgelegten U-Bahnhof vorübergehend zur unterirdischen Sportarena zweckentfremdet, bleibt der Nimbus des legalen, organisierten Events haften. Hier fehlen der ‚Do-it-yourself'-Aspekt und der Reiz des verbotenen Handelns wider gesellschaftliche Ordnungsstrukturen, welches beim Malen von Graffiti oder Streetart auf fremden Hauswänden, dem Skateboardfahren auf innenstädtischen Plätzen oder einem illegalen Punkkonzert in einer leer stehenden Fabrik zum Tragen kommen (siehe 3.4).

6 Schlussbetrachtung

6.1 Rückblick

Die semiotische Kolonisation durch die Zeichen des Konsumkapitalismus ist eine der fundamentalen Grundlagen für eine fortschreitende Kommerzialisierung aller Sphären menschlichen Lebens. Wie Weibel aufzeigt, wird die zeichenhafte Besetzung vor allem möglich durch die Entwicklung transzendentaler Marken, die in Gestalt von Logos alle Bereiche der Lebenswelt in kommodifizierbare Warenzeichen transformieren und somit unter das Wertgesetz der Ware stellen. Die Folge dieser kulturellen Hegemonie des Konsumkapitalismus sind gemäß Lefebvre eine gesamtgesellschaftliche Ideologie des Konsums und nach Bourdieu und Barber eine fortschreitende gesellschaftliche Infantilisierung.

Das Prinzip der zeichenhaften Kommodifizierung dominiert die gegenwärtige, von Debord und Kellner beschriebene Gesellschaft des Spektakels, in welcher jeder Aspekt menschlichen Lebens in besitz- und konsumierbare Dinge transformiert wird und die Bilder der jedes Erlebnis beherrschenden Warenwelt zu Entfremdung und Passivität führen. Als Antwort auf die lähmende und isolierende Bilderwelt der Gesellschaft des Spektakels theoretisierten und praktizierten Guy Debord und die Situationistische Internationale mit Dérive und Détournement, dem ‚Umherschweifen‘ und der ‚Zweckentfremdung‘, zwei Arten des semiotischen Widerstands. John Fiske weist zudem auf die Möglichkeit hin, der semiotischen Hegemonialmacht, welche in der Position ist, Bedeutungen, Vergnügen und soziale Identität zu konstruieren, eine eigensinnige, oppositionelle Lesart von Texten entgegenzusetzen und somit die sozial dominante Gruppe in Frage zu stellen.

Semiotische Macht hat seit jeher dazu beigetragen, kulturelle Hegemonien zu begründen und zu festigen. Kritik und angestrebte Reformen müssen daher immer Hand in Hand mit einem zeichenhaften Widerstand gehen. Dies gilt, wie Dery betont, besonders für eine Zeit, in der spektakuläre Bild- und Symbolwelten die Gesellschaft prägen:

> [...] in a Society of the Spectacle, where power is exercised increasingly through carefully concocted media narratives and staged events [...], fighting symbolism with counter symbolism is an essential part of any activist strategy. (Dery 2008)

Vor allem die Mitglieder subkultureller Gemeinschaften versuchen durch ihren sichtbar gemachten differenzierenden Lebensstil, durch das Spiel mit Zeichen und Ausdrucksformen und deren Neukodierung Widerstand gegen eine kulturelle Hegemonie zu leisten. Im Punk, der einst radikalsten Gegenkultur, findet dieser Widerstand vor allem durch den subkulturellen Bricolage-Stil Ausdruck, Graffitiwriter erobern mit ihren inhaltsleeren Schriftzügen symbolisch die privatisierten und mit Werbung bestückten Flächen des urbanen Raums zurück und Skateboarder setzen der kommodifizierenden Architektur der Städte körperliche Aktivität entgegen.

Gezielte semiotische Attacken heterogener Akteure auf die Zeichendominanz des Konsumkapitalismus stellen die vielfältigen Praxisformen des Culture Jammings dar, welche auf eine subversive Nutzung der vorgegebenen Kommunikationsstrukturen abzielen. Auf Basis der Grundprinzipien Verfremdung und Überidentifizierung existiert eine Reihe unterschiedlicher Methoden, die man in sechs Kategorien unterteilen kann: Erfindung (falscher Tatsachen zur Schaffung wahrer Ereignisse), Collage und Montage, subversive Affirmation, Entwendung/Umdeutung, Camouflage und Fake. Ihre teils kombinierte Anwendung finden diese Methoden in so vielfältigen Aktionen wie Subvertising/Adbusting, dem Unsichtbaren Theater, Reclaim the Streets-Happenings und Cyberjamming in Form von subversiven Computerspielen und Fake-Internetseiten. Ein Problem für den zeichenhaften Widerstand stellt die fortwährende Adaption der Symbole und Methoden des Widerstands durch die Wirtschaft dar. Jedoch kann dies durch aktive und kritische Rezeptionsleistung weitgehend ausgeglichen werden.

Die gesamtgesellschaftliche Wirkung des semiotischen Widerstands sollte nicht überschätzt werden: Weder der zeichenhafte Ungehorsam einer subkulturellen Lebensweise noch die Guerillaattacken der Culture Jammer auf die Zeichen des Konsumkapitalismus stellen ein gleichwertiges Gegengewicht zur semiotischen Kolonisation bzw. eine adäquate Gegenhegemonie zur kulturellen Hegemonie dar, können dieser jedoch in gewisser Weise auf mikropolitischer Ebene entgegenwirken.

Der semiotische Widerstand gegen die symbolische Herrschaft des Konsumkapitalismus im Rahmen subkultureller Lebensweisen ist zwar fortwährender Vereinnahmung durch die Kulturindustrie ausgesetzt, besitzt für seine Mitglieder aber vor allem durch zeichenhafte subkulturelle Praktiken, mit denen temporäre Freiräume geschaffen werden, auch gegenwärtig noch Relevanz. Hinzu kommt die Funktion des subkulturellen Gemeinschaftslebens als Erfahrungsraum für kreative Zeichengestaltung, wodurch letztendlich ein Verständnis von Kulturbildung durch Zeichen geschaffen wird. Semiotischer Widerstand im subkulturellen Kontext hat zwar durchaus auch eine Kritikfunktion, wichtiger ist hier jedoch die Schutzfunktion vor der hegemonialen Kultur, die Schaffung von Frei- und Erfahrungsräumen, in denen man als Mitglied einer schöpferischen Kultur Selbsterfahrung und -gestaltung betreiben kann.

Aktiver zeichenhafter Widerstand in Form von Culture Jamming wendet sich hingegen an die breite Allgemeinheit der Rezipienten von konsumkapitalistischen Zeichen und zielt dabei weniger auf die Zerstörung der semiotischen Macht denn auf eine vorübergehende Bloßstellung der Herrschenden und ihrer Diskurse ab, mit der Absicht, Widersprüche im dominanten Diskurs aufzeigen, Legitimationsdiskussionen auszulösen und Umdenkprozesse beim Einzelnen in Gang zu setzen. Voraussetzung dafür ist ein erfolgreiches Einwirken auf die von Eco beschriebenen außersemiotischen Umstände, in deren Kontext Kommunikation stattfindet.

Dass diese Wirkung in einem gewissen Rahmen durchaus erreicht werden kann, beweisen vor allem die in dieser Arbeit vorgestellten Aktionen der Yes Men und das Projekt Nikeground. Die in beiden Fällen erzielten massenmedialen Berichte, die Dementi und Stellungnahmen der betroffenen Unternehmen sowie die begleitenden und nachfolgenden öffentlichen Diskurse sind ein Ergebnis, von dem die Macher konventioneller unternehmens- und kapitalismuskritischer Kampagnen oft nur träumen können.

6.2 Ausblick: Gedanken zu einem erfolgreichen semiotischen Widerstand

Abschließend erlaube ich mir, die vornehmlich deskriptive und analytische Vorgehensweise dieser Arbeit zugunsten einiger Überlegungen aufzugeben, die zwar nicht von wissenschaftlicher Objektivität sein mögen, jedoch durchaus kommunikationswissenschaftlich geprägt sind. Basierend auf den gesammelten Erkenntnissen möchte ich mich der Frage widmen, wie die unter dem Begriff Culture Jamming zusammengefassten subversiven Widerstandsformen auf Zeichenebene am produktivsten als Mittel der Gesellschaftskritik genutzt werden können.[42]

Im Rahmen dieser Arbeit wurde immer wieder der Guerilla-Aspekt des Culture Jammings betont. Die Verfasser des *Handbuchs der Kommunikationsguerilla* (2001) begründen die Wichtigkeit der Guerilla-Taktik für semiotischen Widerstand damit, dass die Besetzung einer strategischen

---

42 Da sich der semiotische Widerstand von Subkulturen wie oben beschrieben eher durch seine Ausweich- und Schutzfunktion als durch Gesellschaftskritik auszeichnet und hauptsächlich auf Abgrenzung abzielt, erscheint mir hier die Fokussierung auf die Aktionsformen des Culture Jammings am sinnvollsten.

Position das Culture Jamming beziehungsweise seine Akteure angreifbar mache und die Vereinnahmung des Culture Jammings durch den politischen Gegner begünstige. Denn sobald eine strategische Position eingenommen werde, müsse diese auch gehalten und verteidigt werden (vgl. autonome a.f.r.i.k.a. gruppe/Blissett/Brünzels 2001: 53). Derart betrachtet funktioniert Culture Jamming besser als kurzfristige, reaktive Taktik, bei der seine Nutzer immer darauf bedacht sind, den Vereinnahmungen durch die Wirtschaft mittels neuer Aktionen einen Schritt voraus zu sein (vgl. ebd.). Der ideale Culture Jammer würde sich dementsprechend durch seine relative Schnelligkeit und Flexibilität gegenüber den Wirtschaftsunternehmen auszeichnen, sich stetig weiterentwickeln und neue semiotische Angriffsziele in der Zeichenhegemonie des Konsumkapitalismus ausmachen. In Borries' Worten:

> Aus dem subversiven Trickser, der von den Camouflage-Strategien der Marketingstrategen ausgetrickst wird, wird so der Radikalopportunist, der in den Systemlücken Freiräume eröffnet, Temporäre Autonome Zonen entwirft. (Borries 2004: 89)

Diese Herangehensweise mag ob ihrer ‚Guerilla-Romantik' für so manchen durchaus reizvoll klingen, birgt meiner Ansicht nach jedoch die Gefahr, die Praktizierung von Culture Jamming auf einen kleinen Kreis von Künstler-Aktivisten zu beschränken, die in der Lage und willens sind, derart extrem mit der aktuellen Entwicklung von Medien und Marketing Schritt halten zu können. Somit würde eine breitere gesellschaftliche Wirkmöglichkeit des Culture Jammings aufgegeben. Es würde hauptsächlich auf „einen subversiven radical chic" (Marchart 1998: 67), mit dem sich ein paar Avantgardisten schmücken, beschränkt werden. So käme die angestrebte Gesellschaftskritik nicht über ein „Projekt permanenter lokaler Störaktionen hinaus" (Eco 1985b: 169).

Hier sei noch einmal auf Fiskes Erkenntnis verwiesen, dass der semiotische Widerstand für sich allein genommen keine radikalen Veränderungen bewirken, sondern nur begünstigen kann. Wie der Politologe und Friedensforscher Theodor Ebert schreibt, muss ziviler Ungehorsam weniger aus der Ablehnung eines Missstandes, sondern aus dem Aufzeigen konstruktiver Alternativen und dem Öffnen eines Dialogs bestehen (vgl. Ebert 1984: 273-275). Dies gilt ebenso für ‚semiotischen Ungehorsam'. Um über das Symbolische hinauszuwirken, müssen auch hier auf die subversiven Aktionen, welche Missstände aufzeigen und einen Denk- und Dialogprozess auslösen sollen, konstruktive Vorschläge zur Verbesserung sowie alternative Praxisangebote folgen. Dieser Ansicht ist mit Dery auch einer der Culture Jamming-Theoretiker der ersten Stunde: „It's a *compliment to*, not a *substitute for*, the inglorious gruntwork of real political change – lobbying, drafting legislation, throwing your body upon the gears of power." (Dery 2008; Hervorhebungen im Original) Hinzu kommt, dass erfolgreiche Culture Jamming-Aktionen im Rahmen von Protestkampagnen eine ganze Reihe positiver Effekte auf die (Selbst-)Wahrnehmung von Protestkultur und die sozialen Bindungen der Aktivisten haben können:

> Politischer Protest gewinnt über die symbolische Attackierung von Markenunternehmen einen Wiedererkennungswert, der nicht nur für die Protestwahrnehmung von außen, sondern vor allem auch für die Stärkung der schwächer gewordenen Sozialbindungen innerhalb der Protestnetzwerke bedeutsam ist. Die parodistische Dekonstruktion des Unternehmensimages als subkulturelle Ausdrucksform dient zugleich der eigenen Imageaufwertung, der Inszenierung der moralischen Überlegenheit, der Glaubwürdigkeit des skandalisierenden Protestakteurs sowie der bildlichen Darstellung des Konsumthemas. (Baringhorst/Kneip/Niesyto 2007: 121)

Auch die Kommunikationsguerilleros der autonomen a.f.r.i.k.a. gruppe kommen in einer jüngeren Veröffentlichung zu dem Schluss, dass ihre Praxis der semiotischen Kriegsführung nicht auf isolierte Aktionen beschränkt bleiben darf, sondern stattdessen mit Argumentationen in den Medien verknüpft, mit Gegenöffentlichkeit verbunden und auf die Themen sozialer Bewegungen bezogen sein müsse, um im Zeitalter der Globalisierung relevant zu sein. Ebenso wird die Notwendigkeit einer Vernetzung mit verschiedenen Aktivistengruppen und Teilen der Kunstszene erkannt. Gerade Letzteres könnte durch eine stärkere Wechselwirkung von Kunst und Aktivismus den Ausgangspunkt für eine Praxis darstellen, in der sich politischer Protest, Kunstpraxen und Theorieproduktion vermischen (vgl. autonome a.f.r.i.k.a. gruppe 2003: 104). Um seine Wirkung vollends zu entfalten, müsste Culture Jamming die ‚Hit and Run'-Philosophie der Guerilla-Kriegsführung also wenigstens teilweise hinter sich lassen und stattdessen im strategischen Rahmen gesellschaftskritischer Kampagnen eingesetzt werden. Damit wird es als Mittel des semiotischen Widerstands zwar angreifbarer und beliebiger, gleichzeitig erhöht sich aber sein Verbreitungs- und Wirkungsgrad bei weitem.

Im Verbund mit sozialen Bewegungen, mit Gegenöffentlichkeit in Form unabhängiger und alternativer Medien, mit kritischer Kunst sowie Medien- und Gesellschaftskritikern aller Couleur kann Culture Jamming ein erster Schritt sein, Aufmerksamkeit zu akkumulieren, Kommunikationskanäle zu öffnen und Diskurse in Gang zu bringen. Es kann die kommunikative Grenze zwischen Aktivisten und der übrigen Gesell-

schaft öffnen und die Protestkultur in die Ebene des Alltags hineintra-
gen. Zeichenhafter Widerstand verleiht der Gesellschaftskritik ein Ge-
sicht und bringt sie in anschaulichen Bildern und Aktionen auf den
Punkt. Denn in einer Welt der spektakulären Bilder, in der die zeichenhafte Ebene die materielle immer mehr dominiert, verfügen die entwen-
deten, entstellten und umfunktionierten Zeichen des Konsumkapitalismus über einen höheren Wirkgrad – vor allem was die Aufmerksam-
keitsgenerierung angeht – als jedwede ausführliche und ausgefeilt formulierte Kritik.[43]

Während die Mitglieder einer subkulturellen Gemeinschaft durch semiotischen Widerstand hauptsächlich Abgrenzung betreiben, kann Culture Jamming als Mittel der Kontaktaufnahme dienen, um gerade dort
anzusetzen, wo herkömmliche Argumentation gegen das herrschende
System versagt:

> Wo Aufklärung nicht ankommt, kann Kommunikationsguerilla die wirk-
> samere Taktik sein, wo es eine aufnahmebereite Zielgruppe oder gesell-
> schaftlichen Druck gibt, ist Aufklärung und Information angesagt, und oft
> greifen beide ineinander. (autonome a.f.r.i.k.a. gruppe/Blissett/Brünzels
> 2001: 8)

Aus dieser Warte bietet Culture Jamming eine Möglichkeit, Gesellschaftskritik auch zu jenen Menschen zu tragen, die sich dieser verwei-
gern – Debord würde hier wohl argumentieren, dass sie der vom konsumkapitalistischen Spektakel erzeugten Passivität erlegen sind – und
möglicherweise auch bei ihnen einen Denk- und vielleicht sogar Um-
denkprozess anzuregen.

Doch es bietet sich noch eine weitere Verwendungsmöglichkeit des
Culture-Jamming-Prinzips an: Indem Culture Jamming die Mechanismen sichtbar macht, die hinter dem dominanten Zeichendiskurs stehen,
ermöglicht es, den konsumkapitalistischen Mythos des Alltags mit all
den dazugehörigen Ritualen zu entziffern und regt gleichzeitig dazu an,
sich diese Techniken selbst anzueignen. Die Praktizierung von Culture
Jamming muss sich dabei keineswegs auf eine avantgardistische Elite
beschränken: Jeder, der die Funktionsprinzipien begriffen hat, kann in
seinem individuellen Rahmen zum kritischen Kulturarbeiter werden.
Die Globalisierungskritiker von Attac bieten seit geraumer Zeit im Rah-

---

43 Für eine diesbezüglich interessante Analyse des Phänomens Aufmerksamkeit
    und seiner konzeptuellen Entwicklung infolge der Industrialisierung und mas-
    senhaften Verbreitung visueller Medien siehe Crary (2002), für eine Darstellung
    des gegenwärtig herrschenden ‚Kampfes' um Aufmerksamkeit als knappes Gut
    siehe Nolte (2005).

men von Kongressen Adbusting-Workshops an (siehe Pötter 2005), um Interessierten die Verfremdung von Werbung als Mittel der Kritik nahe zu bringen. Der Pädagoge Peter Holzwarth empfiehlt, Culture Jamming-Techniken neben der rezeptiven Analyse und Dekonstruktion von Werbung als Praxisteil im Rahmen medienpädagogischer oder künstlerischer Workshops für Kinder und Jugendliche einzusetzen:

> Werbeanzeigen aus Zeitschriften können übermalt, kollagiert oder am Computer digital verändert und verfremdet werden. Auch Werbefilme oder Videoclips können als Vorlage für eigene karikierende Produktion benutzt werden. (Holzwarth 2007: 84)

Auf diese Weise soll Wissen um Werbezeichen und Manipulationsmöglichkeiten durch eigene Praxiserfahrung besonders nachhaltig vermittelt werden.

> Durch eine ganzheitlichere, durch eigenes ästhetisch-reflexives Handeln intensivierte thematische Auseinandersetzung können verschiedene gestalterische und kommunikative Kompetenzen angeeignet werden. (Ebd.: 89)

Das angestrebte Ergebnis dieser Kurse ist eine präventive Stärkung und geistige Immunisierung gegenüber den Werbezeichen.

Die Zielsetzung eines erfolgreichen semiotischen Widerstands muss demnach zwei Komponenten beinhalten: Zum einen die Schaffung kritischer, selbstverantwortlicher Rezipienten, welche die hegemonialen Zeichen des Konsumkapitalismus eigenwillig zu deuten wissen; zum anderen die Inspiration des Einzelnen, in seinem ganz persönlichen Rahmen als symbolisch kreativer Kulturarbeiter tätig zu werden und somit kulturelle Handlungsgewalt zurück zu gewinnen.

Bourdieu gibt einen Hinweis darauf, welche Rolle eine kritische Kommunikationswissenschaft im Zusammenhang mit semiotischem Widerstand spielen könnte: Denn der Wissenschaftler solle, so Bourdieu, „das Handwerkszeug zur Verteidigung gegen eine symbolische Herrschaft liefern und verbreiten [...]" (Bourdieu 2001: 37). Auch Eco sieht hier die Wissenschaft in der Verantwortung:

> Der Gedanke, daß von den Wissenschaftlern und Erziehern künftig verlangt werden muß, [...] eine Guerilla von Haus zu Haus zu führen wie die Provos der Kritischen Rezeption, mag erschrecken und als pure Utopie erscheinen. Aber wenn sich unser Kommunikationszeitalter in der Richtung weiterbewegt, die wir heute als die wahrscheinlichste sehen, wird dies die einzige Rettung für freie Menschen sein. (Eco 1985a: 155)

Dies könnte sich als interessantes Betätigungsfeld für Kommunikations-wissenschaftler erweisen. Denn wie Prokop im Rahmen seiner zuweilen recht polemischen, aber in weiten Teilen durchaus nachvollziehbaren Kritik an der gegenwärtigen Kommunikationswissenschaft bemerkt, müsse es nicht zwangsläufig sein, „dass man sich unter Kommunikati-onsforschung nichts als Dienstleistung für Werbung, Marketing, Public Relations und Politikberatung vorstellt." (Prokop 2005: 12-13). Dem kann ich mich nur anschließen.

Literatur

Amann, Marc (2007a): „Reclaim the Streets. Straßenparty kann auch Widerstand machen". In: Ders. (Hrsg.): *go. stop. act! Die Kunst des kreativen Straßenprotests.* 2., durchgesehene und aktualisierte Auflage. Grafenau, Frankfurt/Main: Trotzdem Verlagsgenossenschaft, S.38-52.

Amann, Marc (2007b): „Guerilla Gardening. Die Kunst wild anzupflanzen". In: Ders. (Hrsg.): *go. stop. act! Die Kunst des kreativen Straßenprotests.* 2., durchgesehene und aktualisierte Auflage. Grafenau, Frankfurt/Main: Trotzdem Verlagsgenossenschaft, S.157-159.

Amann, Marc (2007c): „Flashmobs. Sinnbefreite Blitzperformances". In: Ders. (Hrsg.): *go. stop. act! Die Kunst des kreativen Straßenprotests.* 2., durchgesehene und aktualisierte Auflage. Grafenau, Frankfurt/Main: Trotzdem Verlagsgenossenschaft, S.184-193.

autonome a.f.r.i.k.a. gruppe; Blisset, Luther; Brünzels, Sonja (2001): *Handbuch der Kommunikationsguerilla.* 4. Auflage. Berlin, Hamburg, Göttingen: Assoziation A.

autonome a.f.r.i.k.a. gruppe (2003): „Kommunikationsguerilla – Transversalität im Alltag?". In: Raunig, Gerald (Hrsg.): *Transversal. Kunst und Globalisierungskritik.* Wien: Turia + Kant, S. 95-105

autonome a.f.r.i.k.a. gruppe (2007): „Stolpersteine auf der Datenautobahn. Politischer Aktivismus im Internet". In: Amann, Marc (Hrsg.): *go. stop. act! Die Kunst des kreativen Straßenprotests.* 2., durchgesehene und aktualisierte Auflage. Grafenau, Frankfurt/Main: Trotzdem Verlagsgenossenschaft, S.194-209.

Baacke, Dieter (2007): *Jugend und Jugendkulturen. Darstellung und Deutung.* 5. Auflage. Weinheim, München: Juventa.

Baecker, Dirk (2001): *Wozu Kultur?.* 2., erweiterte Auflage. Berlin: Kulturverlag Kadmos.

Bagdikian, Ben H. (2004): *The New Media Monopoly.* 7., aktualisierte Auflage. Boston: Beacon Press.

Baltes, Martin (2004): „Economy – Iconomy". In: Ders. (Hrsg.): *absolute Marken – Labels – Brands.* Freiburg: Orange Press, S.174-185.

Banksy (2006): *Wall and Peace.* London: Century

Baringhorst, Sigrid; Kneip, Veronika; Niesyto, Johanna (2007): „Wandel und Kontinuität von Protestkulturen". In: Baringhorst, Sigrid et al. (Hrsg.): *Politik mit dem Einkaufswagen. Unternehmen und Konsumenten als Bürger der globalen Mediengesellschaft.* Bielefeld: transcript, S.109-135.

Barber, Benjamin R. (2001): *Jihad vs. McWorld. Terrorism's Challenge to Democracy.* Nachdruck mit einem neuen Vorwort des Autors. New York: Ballantine Books.

Barber, Benjamin R. (2007): *Consumed! Wie der Markt Kinder verführt, Erwachsene infantilisiert und die Bürger verschlingt.* München: C.H. Beck.

Barthes, Roland (1964): *Mythen des Alltags.* Frankfurt/Main: Suhrkamp.

Baudrillard, Jean (1978): *Kool Killer oder Der Aufstand der Zeichen.* Berlin: Merve.

Baudrillard, Jean (1981): *For a Critique of the Political Economy of the Sign.* O.O.: Telos Press.

Berger, Wilhelm (2004): „Shopping als Kultur". In: *ide – Zeitschrift für den Deutschunterricht in Wissenschaft und Schule* 3/2004, S.10-20.

Beuthner, Michael; Weichert, Stephan Alexander (2005): „Und wer beobachtet die Medien? Über die Kritikfunktionen und blinden Flecken des Medienjournalismus". In: Hallenberger, Gerd; Nieland, Jörg-Uwe (Hrsg.): *Neue Kritik der Medienkritik. Werkanalyse, Nutzerservice, Sales Promotion oder Kulturkritik?.* Köln: Halem, S.41-58.

Borden, Iain (2001): „Another Pavement, Another Beach: Skateboarding and the Performative Critique of Architecture". In: Ders. et al (Hrsg.): *The Unknown City. Contesting Architecture and Social Space.* Cambridge (Massachusetts), London: MIT Press, S. 178-198.

Borden, Iain (2006): *Skateboarding, Space and the City: Architecture and the Body.* Oxford, New York: Berg Publishers.

Borries, Friedrich von (2004): *Wer hat Angst vor Niketown? Nike-Urbanismus, Branding und die Markenstadt von Morgen.* Rotterdam: episode publishers.

Bourdieu, Pierre (1974): *Zur Soziologie der Symbolischen Formen.* Frankfurt/Main: Suhrkamp.

Bourdieu, Pierre (2001): *Gegenfeuer 2. Für eine europäische soziale Bewegung.* Konstanz: UVK.

Cassirer, Ernst (2002): *Gesammelte Werke. Band 13. Philosophie der symbolischen Formen. Dritter Teil: Phänomenologie der Erkenntnis.* Hamburg: Meiner.

Crary, Jonathan (2002): *Aufmerksamkeit. Wahrnehmung und moderne Kultur*. Frankfurt/Main: Suhrkamp.

Debord, Guy (1980): *Rapport zur Konstruktion von Situationen und die Bedingungen der Organisation wie Aktion der Situationistischen Internationale und andere Schriften*. Hamburg: Edition Nautilus.

Debord, Guy (1996a): *Die Gesellschaft des Spektakels*. Berlin: Edition Tiamat.

Debord, Guy (1996b): „Kommentare zur Gesellschaft des Spektakels". In: Ders.: *Die Gesellschaft des Spektakels*. Berlin: Edition Tiamat, S.189-280.

Diederichsen, Diedrich (1994): „Wer fürchtet sich vor dem Cop Killer? Zehn Thesen von Diedrich Diederichsen". In: *Spiegel Special* 2/1994, S.23-27.

Dörner, Andreas (2001): *Politainment. Politik in der medialen Erlebnisgesellschaft*. Frankfurt/Main: Suhrkamp.

Dworschack, Manfred (2008): „Wer will jetzt noch Banker werden?" In: *Uni Spiegel* Heft 6/Dezember 2008, S.26-29.

Ebert, Theodor (1984): *Ziviler Ungehorsam – Von der APO zur Friedensbewegung*. Waldkirch: Waldkircher Verlag.

Eco, Umberto (1972): *Einführung in die Semiotik*. München: Wilhelm Fink

Eco, Umberto (1985a): „Für eine semiologische Guerilla". In: Ders.: *Über Gott und die Welt. Essays und Glossen*. 3. Auflage. München, Wien: Carl Hanser, S.146-156.

Eco, Umberto (1985b): „Die Fälschung und der Konsens". In: Ders.: *Über Gott und die Welt. Essays und Glossen*. 3. Auflage. München, Wien: Carl Hanser, S.163-169.

Fiske, John (1987): *Television Culture*. London, New York: Methuen.

Fiske, John (2001a): „Fernsehen: Polysemie und Popularität". In: Winter, Rainer; Mikos, Lothar (Hrsg.): *Die Fabrikation des Populären: Der John Fiske-Reader*. Bielefeld: transcript, S.85-109.

Fiske, John (2001b): „Die populäre Ökonomie". In: Winter, Rainer; Mikos, Lothar (Hrsg.): *Die Fabrikation des Populären: Der John Fiske-Reader*. Bielefeld: transcript, S.111-137.

Fiske, John (2001c): „Körper des Wissens". In: Winter, Rainer; Mikos, Lothar (Hrsg.): *Die Fabrikation des Populären: Der John Fiske-Reader*. Bielefeld: transcript, S.213-245.

Fiske, John (2003): *Lesarten des Populären*. Wien: Löcker.

Foucault, Michel (2001): *Die Ordnung des Diskurses.* 8., erweiterte Auflage. Frankfurt/Main: Suhrkamp.

Foucault, Michel (2007): *Überwachen und Strafen. Die Geburt des Gefängnisses.* Nachdruck der 1. Auflage. Frankfurt/Main: Suhrkamp.

Franck, Georg (2003): „Mentaler Kapitalismus". In: Liessman, Konrad Paul (Hrsg.): *Die Kanäle der Macht. Herrschaft und Freiheit im Medienzeitalter. Philosophicum Lech Band 6.* Wien: Zsolnay, S. 36-60.

Franck, Georg (2005): *Mentaler Kapitalismus. Eine politische Ökonomie des Geistes.* München, Wien: Carl Hanser.

Führer, Bettina (2005): *Werbung und Mythos. Grundlagen, Strategien, Praxis.* Saarbrücken: VDM Verlag Dr. Müller.

Goessmann, David (2006): „Werbung unterm Deckmantel". In: *Frankfurter Rundschau,* 28.7.2006.

Habermas, Jürgen (1962): *Strukturwandel der Öffentlichkeit. Untersuchungen zu einer Kategorie der bürgerlichen Gesellschaft.* 3. Auflage. Neuwied, Berlin: Luchterhand.

Habermas, Jürgen (1985): *Die Neue Unübersichtlichkeit. Kleine Politische Schriften V.* Frankfurt/Main: Suhrkamp.

Hasebrink, Uwe et al (2004): „Medienkindheit – Markenkindheit: Fazit und Konsequenzen aus einem interdisziplinären Projekt". In: Hessische Landesanstalt für privaten Rundfunk (Hrsg.): *Medienkindheit – Markenkindheit: Untersuchungen zur multimedialen Verwertung von Markenzeichen für Kinder.* München: KoPäd Verlag, S.281-289.

Heath, Joseph; Potter, Andrew (2005): *Konsumrebellen. Der Mythos der Gegenkultur.* Berlin: Rogner & Bernhard.

Hebdige, Dick (1979): *Subculture: The Meaning of Style.* London, New York: Methuen.

Hickethier, Knut (2005): „Der Herbst der Medienkritik". In: Hallenberger, Gerd; Nieland, Jörg-Uwe (Hrsg.): *Neue Kritik der Medienkritik. Werkanalyse, Nutzerservice, Sales Promotion oder Kulturkritik?* Köln: Halem, S.59-83.

Hofmann, Martin Ludwig (2008): *Mindbombs. Was Werbung und PR von Greenpeace und Co. lernen können.* München: Wilhelm Fink.

Holz, Hans Heinz (1992): "Philosophische Reflexion und politische Strategie bei Antonio Gramsci". In: Ders.; Prestipino, Guiseppe (Hrsg.): *Antonio Gramsci heute. Aktuelle Perspektiven seiner Philosophie.* Bonn: Pahl-Rugenstein, S.9-28.

Holtzwarth, Peter (2007): „Enjoy Capitalism. Adbusting als kritische Medienpraxis – auch für pädagogische Kontexte". In: Neuß, Norbert; Große-Loheide, Mike (Hrsg.): *Körper. Kult. Medien. Inszenierungen im Alltag und in der Medienbildung.* Bielefeld: GMK, S.78-91.

Honneth, Axel (2002): „Organisierte Selbstverwirklichung. Paradoxien der Individualisierung". In: Ders. (Hrsg.): *Befreiung aus der Mündigkeit. Paradoxien des gegenwärtigen Kapitalismus.* Frankfurt/Main: Campus.

Horx, Matthias (1995): „Adbusters. Die subtilen Mittel des Anti-Branding". In: Ders.; Wippermann, Peter: *Markenkult. Wie Waren zu I-konen werden.* Düsseldorf: Econ, S.430-435.

Hubbertz, Hans (2007): „Arm sein ist geil – Schnäppchenjäger und Smart Shopper in der Kampfzone". In: Baringhorst, Sigrid et al. (Hrsg.): *Politik mit dem Einkaufswagen. Unternehmen und Konsumenten als Bürger der globalen Mediengesellschaft.* Bielefeld: transcript, S.367-387.

Jacke, Christoph (2007): „Gesellschaftlicher Wandel durch kreative Um-wertung". In: Kimminich, Eva et al (Hrsg.): *Express Yourself! Europas kulturelle Kreativität zwischen Markt und Underground.* Bielefeld: transcript, S.33-49.

Jakobson, Roman; Waugh, Linda R. (1986): *Die Lautgestalt der Sprache.* Berlin, New York: de Gruyter.

Jenß, Heike (2005): „Original-Kopie. Selbstmodellierung in Serienklei-dung". In: Neumann-Braun, Klaus; Richard, Birgit: *Coolhunters. Jugendkulturen zwischen Medien und Markt.* Frankfurt/Main: Suhrkamp.

Karmasin, Helene (2007): *Produkte als Botschaften.* 4., aktualisierte und erweiterte Auflage. Landsberg/Lech: mi-Fachverlag.

Kellner, Douglas (2005a): „Die postmoderne Lebenssituation von Jugendlichen". In: Winter, Rainer (Hrsg.): *Medienkultur, Kritik und Demokratie. Der Douglas Kellner Reader.* Köln: Halem, S.179-186.

Kellner, Douglas (2005b): „Über die Entwicklung kritischer Theorien zur Globalisierung". In: Winter, Rainer (Hrsg.): *Medienkultur, Kritik und Demokratie. Der Douglas Kellner Reader.* Köln: Halem, S.110-135.

Kellner, Douglas (2005c): „Der Triumph des Medienspektakels". In: Winter, Rainer (Hrsg.): *Medienkultur, Kritik und Demokratie. Der Douglas Kellner Reader.* Köln: Halem, S.187-231.

Kimminich, Eva (2007): „Selbst(er)findung, Selbstgestaltung, Selbstbehauptung: Eine Kulturprogrammstörung?". In: Dies. et al (Hrsg.): *Express Yourself! Europas kulturelle Kreativität zwischen Markt und Underground.* Bielefeld: transcript, S.52-73.

Kingsnorth, Paul (2005): *Global Attack! Der neue Widerstand gegen die Diktatur der Konzerne.* Bergisch Gladbach: Bastei Lübbe.

Klein, Naomi (2001): *No Logo! Der Kampf der Global Players um Marktmacht. Ein Spiel mit vielen Verlierern und wenigen Gewinnern.* 4. Auflage. München: Riemann.

Kleiner, Marcus S. (2005): „Semiotischer Widerstand. Zur Gesellschafts- und Medienkritik der Kommunikationsguerilla". In: Hallenberger, Gerd; Nieland, Jörg-Uwe (Hrsg.): *Neue Kritik der Medienkritik. Werkanalyse, Nutzerservice, Sales Promotion oder Kulturkritik?* Köln: Halem, S. 316-368.

Landi, Paolo (2004): „Die Werbekampagne ‚United Colors of Benetton'". In: Baltes, Martin (Hrsg.): *absolute Marken – Labels – Brands.* Freiburg: Orange Press, S.186-191.

Lasn, Kalle (2006): *Culture Jamming. Das Manifest der Anti-Werbung.* 2., korrigierte Auflage. Freiburg: Orange Press.

Lefebvre, Henri (1972): *Das Alltagsleben in der modernen Welt.* Frankfurt/Main: Suhrkamp.

Lefebvre, Henri (1991): *The Production of Space.* Oxford, Cambridge (Massachusetts): Blackwell.

Lévi-Strauss, Claude (1968): *Das Wilde Denken.* Frankfurt/Main: Suhrkamp.

Marchart, Oliver (1998): *Die Verkabelung von Mitteleuropa. Medienguerilla – Netzkritik – Technopolitik.* Wien: edition selene.

Marcus, Greil (1996): *Lipstick Traces. Von Dada bis Punk – Eine geheime Kulturgeschichte des 20. Jahrhunderts.* Reinbek bei Hamburg: Rowohlt.

Marschik, Matthias (2008): „Verdoppelte Identitäten: Medien- und Werbebotschaften als Konstrukteure von Authentizität." In: Hepp, Andreas; Winter, Rainer (Hrsg.): *Kultur – Medien – Macht. Cultural Studies und Medienanalyse.* Wiesbaden: VS Verlag für Sozialwissenschaften, S.299-309.

Masters, Kim (2001): *The Keys to the Kingdom. The Rise of Michael Eisner and the Fall of Everybody Else.* New Edition. New York: Harper Business.

März, Annegret (2007): „Protestnetzwerke im Internet – Kollektive Identitätskonstruktion in konzernkritischen Kampagnen". In: Baringhorst, Sigrid et al. (Hrsg.): *Politik mit dem Einkaufswagen. Unternehmen und Konsumenten als Bürger der globalen Mediengesellschaft.* Bielefeld: transcript, S.137-153.

Meier, Stefan (2007): „,Stylelife'. Graffiti als ,typografisches' Ausdrucksmittel sozialen Stils". In: Kimminich, Eva et al (Hrsg.): *Express Yourself! Europas kulturelle Kreativität zwischen Markt und Underground.* Bielefeld: transcript, S.193-208.

Meschnig, Alexander (2002): *Markenmacht.* Hamburg: Europäische Verlagsanstalt.

Mocek, Ingo (2007): „Samenspender". In: *Neon* September 2007, S.34-38.

Moorstedt, Tobias (2008): *Jeffersons Erben. Wie die digitalen Medien die Politik verändern.* Frankfurt/Main: Suhrkamp.

Nedo, Kito (2007): „Künstler auf der Flucht". In: *art. Das Kunstmagazin* Nr.4/April 2007. S.22-33.

Niekisch, Sibylle (2004): „John Fiske. Populärkultur zwischen Alltagspraxis und Widerstand". In: Dies. et al (Hrsg.): *Culture Club. Klassiker der Kulturtheorie.* Frankfurt/Main: Suhrkamp.

Nolte, Martina (2005): *Der Kampf um Aufmerksamkeit.* Frankfurt/Main, New York: Campus.

Paulu, Burton (1981): *Television and Radio in the United Kingdom.* London, Basingstoke: Macmillan.

Peirce, Charles Sanders (2005): *Phänomen und Logik der Zeichen.* Nachdruck der 1. Auflage 1983. Frankfurt/Main: Suhrkamp.

Prokop, Dieter (2005): *Der kulturindustrielle Machtkomplex. Neue kritische Kommunikationsforschung über Medien, Werbung und Politik.* Köln: Halem.

Quart, Alissa (2003): *Branded. Wie wir gekauft und verkauft werden.* München: Riemann.

Relph, Edward (1976): *Place and Placelessness.* London: Pion Limited.

Rifkin, Jeremy (2000): *Access. Das Verschwinden des Eigentums.* 2. Auflage. Frankfurt/Main: Campus.

Ritzer, George (2005): *Die Globalisierung des Nichts.* Konstanz: UVK.

Sailer, Anton (1965): *Das Plakat. Geschichte, Stil und gezielter Einsatz eines unentbehrlichen Werbemittels.* München: Karl Thiemig.

Saussure, Ferdinand de (2001): *Grundfragen der allgemeinen Sprachwissenschaft.* 3. Auflage. Berlin, New York: de Gruyter.

Schlosser, Eric (2003): *Fast Food Gesellschaft.* Sonderausgabe. München: Riemann

Schmidt, Christian (2007): „Street Art. Symbolische Angriffe auf die Funktionalität der Stadt". In: Amann, Marc (Hrsg.): *go. stop. act! Die Kunst des kreativen Straßenprotests*. 2., durchgesehene und aktualisierte Auflage. Grafenau, Frankfurt/Main: Trotzdem Verlagsgenossenschaft, S.140-156.

Schubert, Alexander (2004): „Brand Religion. Vom schlichten Markenzeichen zum sinnstiftenden Orientierungssystem". In: Baltes, Martin (Hrsg.): *absolute Marken – Labels – Brands*. Freiburg: Orange Press, S.158-164.

Spiegel, Stefan (2009): „In der Zeitschleife". In: *die tageszeitung*, 23.3.2009, S.14.

Stierle, Karl-Heinz (2006): „Die Zeichenwelt der Stadt". In: Dempf, Rainer; Mattl, Siegfried; Steinbrener, Christoph (Hrsg.): *Delete! Die Entschriftung des öffentlichen Raums*. Freiburg: Orange Press, S.55-59.

Strehle, Samuel (2008): „Fortsetzung des Aufstands mit anderen Mitteln?". In: Ders.; Szabo, Sacha (Hrsg.): *Unterhaltungswissenschaft. Populärkultur im Diskurs der Cultural Studies*. Marburg: Tectum, S.11-36.

The Yes Men (2003): „identity net.plays". In: Raunig, Gerald (Hrsg.): *Transversal. Kunst und Globalisierungskritik*. Wien: Turia + Kant, S. 113-128.

Trabant, Jürgen (1996): *Elemente der Semiotik*. Tübingen, Basel: Francke.

Trocken, Matthias (2009): „Editorial". In: *Die Zeit*-Fälschung, 21.3.2009, S.2.

Tüschau 16 (1998): *Die subkulturellen Symbole der Punks. Eine empirische Untersuchung*. Oberhausen: Athena Verlag.

Waldvogel, Florian (2005): „Rip Off". In: Lentos Kunstmuseum Linz (Hrsg.): *Just do it!*. Wien: edition selene, S.239-242.

Watzlawick, Paul; Weakland, John H.; Fish, Richard (1997): *Lösungen. Zur Theorie und Praxis menschlichen Wandels*. 5. Auflage. Bern, Göttingen, Toronto: Huber.

Weibel, Peter (1987): „ Vom Symbol zum Logo: Zeichen des Realen". In: Ders. et al (Hrsg.): *Logokultur. Im Bauch des Biestes*. Wien: Hochschule für angewandte Kunst, S.4-25.

Werner, Klaus; Weiss, Hans (2003): *Das neue Schwarzbuch Markenfirmen. Die Machenschaften der Weltkonzerne*. Wien, Frankfurt/Main: Deuticke.

Willis, Paul (1991): *Jugend-Stile. Zur Ästhetik der gemeinsamen Kultur*. Hamburg: Argument.

Winter, Rainer (2001): *Die Kunst des Eigensinns. Cultural Studies als Kritik der Macht.* Weilerswist: Velbrück.

Internetquellen

0100101110101101.ORG: „The Hardly Believable Nike Ground Trick. Nike buys streets and squares: Guerrilla marketing or collective hallucination?".
URL: http://0100101110101101.org/home/nikeground/story.html [Stand: 16.7.2009]

Adbusters Media Foundation (2008): „About Adbusters". 24.1.2008.
URL: https://www.adbusters.org/about/adbusters [Stand: 16.7.2009]

Alloy Education: „About Us".
URL: http://alloyeducation.com/about/index.htm [Stand: 16.7. 2009]

Arnu, Titus (2008): „Politik mit Pappnase". In: *Süddeutsche Zeitung*, 10.5.2008.
URL: http://www.sueddeutsche.de/panorama/artikel/462/173945/ [Stand: 19.7.2009]

Attac Marburg (2004): „Bankenskandal: Werbeskandal an der Marienkirche". 10.6.2004.
URL: http://www.attacmarburg.de/adbusting/?id=doku.bankenskandal [Stand: 27.7.2009]

Barber, Benjamin R. (2008): „Wir glauben, wir sind, was wir kaufen". Interview in: *die tageszeitung*, 12.4.2008.
URL: http://www.taz.de/1/zukunft/konsum/artikel/1/wir-glauben-wir-sind-was-wir- kaufen/?src=HL&cHash=f5403360cb [Stand: 17.7.2009]

Billboard Liberation Front: „Questions for Redressing the Imposition on Public Space".
URL: http://www.billboardliberation.com/response.html [Stand: 16.7.2009]

Bluestein, Greg (2007): „Creators Put Politics Into Videogames". In: *washingtonpost.com*, 21.1.2007.
URL: http://www.washingtonpost.com/wp-dyn/content/article/2007/01/20/AR2007012000729.html?nav=hcmodule [Stand: 22.7.2009]

Bollier, David (2002): „The Grotesque, Smirking Gargoyle. The Commercializing of America's Consciousness". In: *TomPaine.com*, 8.8.2002. URL: http://www.tompaine.com/Archive/scontent/6143.html [Stand: 22.7.2009]

Brandhoff, Michael (2004): „Das Sterben in Bophal geht weiter". In: *Spiegel Online*, 3.12.2004. URL: http://www.spiegel.de/panorama/0,1518,330738,00.html [Stand: 22.7.2009]

Chan, Sewell (2008): „Liberal Pranksters Hand Out Times Spoof". In: *New York Times City Room Blog*, 12.11.2008. URL: http://cityroom.blogs.nytimes.com/2008 /11/12/pranksters-spoof-the-times [Stand: 24.7.2009]

Denkler, Thorsten (2007): „Der Witz als Waffe". In: *sueddeutsche.de*, 7.6.2007. URL: http://www.sueddeutsche.de/politik/439/395227/text [Stand: 24.7.2009]

Dery, Mark (1990): „The Merry Pranksters and the Art of the Hoax". In: *New York Times*, 23.12.1990. URL: http://query.nytimes.com/gst/fullpage.html?res=9C0CE7DF12 3EF930A15751 C1A966958260 [Stand: 24.7.2009]

Dery, Mark (2004): „Culture Jamming: Hacking, Slashing and Sniping in the Empire of Signs". 10.10.2004. URL: http://www.markdery.com/archives/books/culture_jamming [Stand: 25.7.2009]

Dery, Mark (2008): „The World Turned Upside Down: Culture Jamming, 15 Years After". In: *elniuton* 09, 18.12.2008. URL: http://www.elniuton.com/culturejamming/pages/html/dery.html [Stand: 26.7.2009]

Epstein, Edward Jay (2005): „Games That Moguls Play. Sumner Redstone's Next Move". In: *The Hollywood Economist*, 7.11.2005. URL: http://www.slate.com/id/ 2129643 [Stand: 22.7.2009]

Farsetta, Diane; Price, Daniel (2006): „Fake TV News: Widespread and Undisclosed". In: Center for Media and Democracy (Hrsg.): *prwatch.org*. 6.4.2006. URL: http://www.prwatch.org/fakenews/execsummary [Stand: 16.7.2009]

Feder, Barnaby J. (2001): „The Long and Winding Cyberhoax: Political Theater on the Web". In: *New York Times*, 7.1.2001.
URL: http://www.nytimes.com/2001/01/07/weekinreview/word-for-word-tweaking-wto-long-winding-cyberhoax-political-theaterweb.html [Stand: 29.7.2009]

Hamann, Götz (2005): „Der Skandal im Skandal". In: *Die Zeit* 30/2005, 21.7.2005.
URL: http://www.zeit.de/2005/30/Analyse?page=all [Stand: 16.7.2009]

Hedtke, Kathrin (2008): „Was gibt der deutschen Jugend Kraft? Apfelsaft, Apfelsaft!" In: *Spiegel Online – Schulspiegel*, 8.8.2008.
URL: http://www.spiegel.de/schulspiegel/leben/0,1518,570666,00.html [Stand: 22.7.2009]

Hu, Winnie (2003): „Mall Case Creates Antiwar Celebrity". In: *New York Times*, 7.3.2003.
URL: http://www.nytimes.com/2003/03/07/nyregion/mall-case-creates-antiwar-celebrity.html [Stand: 26.7.2009]

Jensen, Annette (2008): „Ohnmacht im Turnschuhladen". In: *die tageszeitung*, 5.4.2008.
URL: http://www.taz.de/regional/berlin/aktuell/artikel/?dig=2008%2F04%2F05%2Fa0165&src=UA&cHash=9efd4ac2d4 [Stand: 26.7.2009]

Kernenergie-Imagekampagne.
URL: http://www.kernenergie-info.de/atomstrom [Stand: 24.7.2009]

Kernenergie Online.
URL: http://www.kernenergie-online.de [Stand: 20.7.2009]

Klingmann, Anna (2006): „Architektur und Brands. Playdoyer für eine Marke der Nachhaltigkeit". In: *Telepolis*, 20.5.2006.
URL: http://www.heise.de/tp/r4/artikel/22/22 667/1.html [Stand: 26.7.2009]

Kraker, Daniel (2002): „Private Names, Public Spaces". In: *PopPolitics.com*, 30.8.2002.
URL: http://www.poppolitics.com/archives/2002/08/Private-Names-Public-Spaces [Stand: 15.3.2009]

Landessportbund Hessen (2005): „Dr. Rolf Müller: Traditionsaspekt zu wenig berücksichtigt". Pressemitteilung, 4.3.2005.
URL: http://www.landessportbund-hessen.de/presse/pressemeldun g-einzelansicht/archive/2005/march/article/dr-rolf-mueller-tradition saspekt-zu-wenig-beruecksichtigt/726f9d0f3b.html [Stand: 16.7.2009]

Leppert, Georg (2008): „Studenten besetzen ‚House of Finance'". In: *Frankfurter Rundschau*, 26.11.2008.
URL: http://www.fr-online.de/frankfurt_und_hessen/nachrichten/fr ankfurt/1636238_Studenten-besetzen-House-of-Finance.html [Stand: 24.7.2009]

Oloew, Matthias (2007): „Ein Millionengeschäft – auch für Berlin". In: *Der Tagesspiegel*, 15.12.2007.
URL: http://www.tagesspiegel.de/berlin/Potsdamer-Platz;art 270,2439523 [Stand: 10.4.2009]

Patalong, Frank (2008): „Flashmob-Revival: Die Verhaftung der lautlosen Ruhestörerin". In: *Spiegel Online*, 16.4.2008.
URL: http://www.spiegel.de/netzwelt/web/0,1518,547427,00.html [Stand: 26.7.2009]

Patalong, Frank (2009): „Rückkehr der Hacktivisten". In: *Spiegel Online*, 12.2.2009.
URL: http://www.spiegel.de/netzwelt/web/0,1518,607127,00.html [Stand: 26.7.2009]

Peters, Jean (2007): „Widerstand muss zärtlich sein". In: *die tageszeitung*, 4.6.2007.
URL: http://www.taz.de/index.php?id=archivseite&dig=2007/06/04 /a0220 [Stand: 16.7.2009]

Pötter, Bernhard (2005): „Die Öko-Attac-Allianz, nächster Versuch." In: *die tageszeitung*, 6.6.2005.
URL: http://www.taz.de/index.php?id=archivseite&dig=2005/06/06 /a0158 [Stand: 26.7.2009]

Public Netbase (2003): „Nike-Platz: Kunstintervention im urbanen Raum". Pressemitteilung, 10.10.2003.
URL: http://www.t0.or.at/nikeground/pressreleases/de/002 [Stand: 16.7.2009]

Public Netbase (2004): „Nike-Klage gegen Kunstprojekt zurückgezogen". Pressemitteilung, 7.1.2004.
URL: http://www.t0.or.at/nikeground/pressreleases/de/004 [Stand: 16.7.2009]

Rage Against the Machine: „Unofficial Frequently Asked Questions".
URL: http://www.accidentprone.com/ragefaq/ramfaq32.txt
[Stand: 26.7.2009]

Robertson, Campbell (2006): „It Had to Happen (Or Did It?): Ads at the
Theater". In: *New York Times*, 24.5.2006.
URL: http://query.nytimes.com/gst/fullpage.html?res=9D07E5DF11
3EF937A15756C0A9609C8B63 [Stand: 26.7.2009]

RTMark (2002): „Announcement of WTO Closure goes from Sidney to
Canada's Parliament". Pressemitteilung, 28.5.2002.
URL: http://www.rtmark.com/yestro.html [Stand: 16.7.2009]

Samuel, Alexandra (2004): "Hacktivism and the Future of Political Par-
ticipation". Dissertation Thesis. Cambridge (Massachusetts): Harvard
University.
URL: http://www.alexandrasamuel.com/dissertation/pdfs/Samuel-
Hacktivism-entire.pdf [Stand: 26.7.2009]

Schulte, Ulrich (2006): „Konzerne machen Berlin zum Rummelplatz". In:
die tageszeitung, 21.4.2006.
URL: http://www.taz.de/nc/1/archiv/archiv-start/?ressort =in&dig
=2006%2F04%2F21%2Fa0081&cHash=7e26f4be15 [Stand: 7.8.2009]

Schulte, Ulrich; Rother, Richard; Lohre, Matthias (2006): „Bayer, Tele-
kom, Adidas: Die verschenkte Stadt". In: *die tageszeitung*, 19.4.2006.
URL: http://www.taz.de/nc/1/archiv/archiv-start/?dig=2006%2F04
%2F19%2Fa0199 [Stand: 16.7.2009]

Spiegel Online/ssu/AFP/AP (2008): „Sony Center wird im März ver-
kauft". In: *Spiegel Online*, 28.2.2008.
URL: http://www.spiegel.de/wirtschaft/0,1518,538350,00.html
[Stand: 10.4.2009]

Spread Blue Educationmarketing.
URL: http://www.spread-blue.de [Stand: 26.7.2009]

Steinhäuser, Marc (2007): „Beten für das iPhone". In: *Zeit Online* 46/2007,
9.11.2007.
URL: http://www.zeit.de/online/2007/46/iPhone-koeln-verkaufsstar
t?page=all [Stand: 12.4.2009]

Stinauer, Tim (2008): „Trommeln gegen alles". In: *Kölner Stadtanzeiger*,
14.4.2008.
URL: http://www.ksta.de/html/artikel/1208066860801.shtml
[Stand: 16.7.2009]

Strassmann, Burkhard (2000): „Werber auf Schülerjagd". In: *Die Zeit* 31/2000.
URL: http://www.zeit.de/2000/31/200031.werbung_.xml?page=all [Stand: 10.7.2009]

Strauss, Stefan (2008): „Die neue Burger-Bewegung". In: *Berliner Zeitung*, 31.3.2008.
URL: http://www.berlinonline.de/berliner-zeitung/archiv/.bin/dump.fcgi/2008/0331 /berlin/0027/index.html [Stand: 26.7.2009]

The Yes Men (a): „Salzburg".
URL: http://theyesmen.org/hijinks/salzburg [Stand: 17.7.2009]

The Yes Men (b): „End of the WTO".
URL: http://theyesmen.org/hijinks/sydney [Stand: 17.7.2009]

The Yes Men (c): „Dow Does The Right Thing".
URL: http://theyesmen.org/hijinks/bbcbhopal [Stand: 17.7.2009]

Walker, Rob (2006): „Gaming the System". In: *New York Times Magazine*, 3.9.2006.
URL: http://www.nytimes.com/2006/09/03/magazine/03wwln_consumed.html [Stand: 26.7.2009]

Watkins-Hughes, Ryan (2007): „Shopdropping". 26.9.2007.
URL: http://www.shopdrop ping.net/pages/menu.html [Stand: 17.7.200

Eingesehene Internetseiten

Atomindustrie.de.
URL: http://www.atomindustrie.de [Stand: 20.7.2009]

Coordination gegen Bayer Gefahren.
URL: http://cbgnetwork.org [Stand: 26.7.2009]

Chumbawamba.
URL: http://www.chumba.com [Stand: 26.7.2009]

Front Deutscher Äpfel.
URL: http://www.apfelfront.de [Stand: 22.7.2009]

Guerilla Gardening.
URL: http://www.guerrillagardening.org [Stand: 10.7.2009]

Kentuckyfriedcruelty.com.
URL: http://www.kentuckyfriedcruelty.com [Stand: 22.6.2009]

Kernkraft-Kids.
  URL: http://www.kernkraft-kids.de [Stand: 20.7.2009]

Killercoke.org.
  URL: http://www.killercoke.org [Stand: 18.7.2009]

McSpotlight.
  URL: http://www.mcspotlight.org [Stand: 18.7.2009]

McDonald's Videogame.
  URL: http://www.mcvideogame.com [Stand: 18.7.2009]

mi adidas.
  URL: http://www.miadidas.com [Stand: 18.7.2009]

Negativeland.
  URL: http://www.negativland.com [Stand: 10.7.2009]

New York Times-Fake.
  URL: http://www.nytimes-se.com [Stand: 20.7.2009]

NIKEiD.
  URL: http://nikeid.nike.com [Stand: 18.7.2009]

Persuasive Games.
  URL: http://www.persuasivegames.com [Stand: 18.7.2009]

Rage Against the Machine.
  URL: http://www.ratm.com [Stand: 26.7.2009]

Reverend Billy.
  URL: http://www.revbilly.com [Stand: 26.7.2009]

Roadsworth.
  URL: http://roadsworth.com [Stand: 26.7.2009]

System of a Down.
  URL: http://www.systemofadown.com [Stand: 26.7.2009]

Bildanhang

Abbildung 1: Schnelles Sniping durch Aufkleber
Quelle:
http://www.campact.de/atom2/press/belene-fotos

Abbildung 2: Aufgemalter Hitler-Schnurrbart als einfaches Plakat-Sniping
Quelle:
http://blogs.taz.de/streetart/2007/04/29/

Abbildung 3: Fortgeschrittenes Plakat-Sniping
Quelle: http://blogs.taz.de/streetart/2008/05/31/ich-werd-zum-zombie/

Abbildung 4: Subvertising durch einfache Montage
Quelle: http://blogs.taz.de/wp-inst/wp-content/blogs.dir/
50/files/2007/12/dreiaeugiger_Klimaschuetzer.JPG

Abbildung 5: Sniping am Großplakat
Quelle: http://www.attacmarburg.de/adbusting/?id=start

Abbildung 6: ,Cattle Crossing' von Roadsworth, Streetart als Kritik des urbanen Raums

Quelle: http://roadsworth.com/main/index.php?showimage=181&category=2

Abbildung 7: ,Liquidated McDonalds' von Zevs, Street Art unter Einbeziehung des McDonald-Logos

Quelle: http://www.designboom.com/tools/WPro/images/blog11/zev4.jpg

Abbildung 8: Street Art zum Thema Überwachungskameras

Quelle: http://blogs.taz.de/streetart/2009/01/25/cuvrystrasse_kameraabgesichert_/

Abbildung 9: Entwendung und Umdeutung von Unternehmenslogo und -slogan am Beispiel Nokia
Quelle:http://www.attacmarburg.de/?id=Aktion.Nokia_Stoppen_Finanzmaerkte_Kontrollieren

Abbildung 10: RWE-Werbung im Rahmen der ‚Proklima-Kampagne‘ im Original
Quelle: http://www.rwe.com/web/cms/de/204398/rwe-proklima-2011/

Abbildung 11: Subvertising-Version der RWE-Werbung
Quelle: http://www.jpberlin.de/www.ausgestrahlt.de/download/atomstrom-rwe_800.jpg

Abbildung 12: Subvertising der Calvin Klein-Kampagne für das Parfüm ‚Obsession'
Quelle: https://www.adbusters.org/gallery/spoofads

Abbildung 13: Subvertizing der ‚United Colors of Benetton'-Kampagne
Quelle: https://www.adbusters.org/gallery/spoofads

Abbildung 14: Angeblicher Nike-Info-Pavillon im Rahmen des Projekts ‚Nikeground'
Quelle: http://www.0100101110101101.org/home/nikeground/img/slideshow/0396.jpg